お母さん、「あなたのために」と言わないで

子育てに悩むすべての人への処方箋

長谷川博一

草思社

お母さん、「あなたのために」と言わないで

目次

はじめに

カウンセリング室のドアが開いて、その人が入ってきました。

今回のカウンセリングの依頼者は女性です。緊張しているのでしょう、やや固い面持ちだと感じました。

部屋には、食卓のようにふたりずつ四人が向かい合って座るテーブルがあります。カウンセラーである私は、テーブルの奥、向かって左側に座り、クライエント（依頼者、心理療法を受ける人）のために、手前側ふたつの椅子を空けておきます。クライエントには、どちらに座るか自由に決めてもらいます。私の真向かいに座って、私とまっすぐ視線を合わせることもできますし、右側の椅子に座って、私とやや斜めに対し、直接視線が合わないようにする位置を好む人もいます。どちらでもよいのです。

その人は、最初、どこに座ったらよいか判断がつかないようでした。おどおどしている様子が伝わってきます。このような体験は初めてなのでしょう。

「最初ですので、私のことが怖いと感じるかもしれませんね。直接向かい合わないように、九十度の角度で座りましょうか」

私からこう提案して、私の右脇に場所を移して座っていただくことにしました。

「自分の子どもとの距離を保つことができません。子どもの前で自分は、感情を押し殺しているか、感情を爆発させているかどちらかの状態です」

「生きるのがしんどいんです」

これが、その人の訴えでした。表情にあまり喜怒哀楽を浮かべないタイプの方のように見えますが、それだけに心労で疲れ果てているさまが見てとれます。こういう悩みをかかえてカウンセリング室を訪れる親、そのほとんどは母親が多いのですが、彼女たちは、例外なくこう考えています。

「子育てに失敗した。もう、取り返しがつかない」

しかし、カウンセリングで、彼女たちが意識的にも無意識的にも、「これだけは知られてはならない」とがっちりと守っているものをときほぐすと、悩みはたいてい消えてなくなってしまいます。しかも、悩みを消すのはカウンセラーではありません。「もう絶体絶命！」と思っていたはずの自分自身の心が「動いて」、あれだけ悩んでいたはずの、子どもとの関係や子どものふるまいが変わっていくのです。

あなたの子育てを、ちょっと振り返ってみましょう。

子育てにもっとも手がかかるのは、なんといっても乳幼児期です。生まれてすぐの赤ん坊は何も知らない、考えられない、そして何もできない。優しい心ももたなければ、もちろん汚れた心もありません。そういう存在に対して、私たちは「純真無垢」という美しい言葉で形容するのです。

出産、その存在と出会った瞬間。ほとんどの親が同じように覚える感動があります。

「生まれてきてくれて、よかった！」

「私は、幸せ！」

母親にしか味わえない、至福のときです。しかし、この大きな喜びにひたっていられるのもつかの間です。何もできない赤ん坊に、近い将来、過酷な人間社会で適応して生きていけるよう、「ゼロから教えて」いかなくてはならないのです。それが「しつけ」「家庭教育」。親は、苦闘を強いられることになるわけです。それでも人の長い生涯を思えば、この乳幼児期という時間はとても短いものです。あとから振り返れば、「あっという間に過ぎてしまった」と、感慨深い思い出となることでしょう。

さて、四苦八苦しながら最初の仕事に一段落がつくと、まもなく、待ち構えていたかのように突き当たる「関所」が見えてきます。いわゆる「第二次反抗期」、思春期です。

ここでは、それまでやってきた子育ての成果が、はっきりと親にわかるかたちで展開されます。これまでの親子の過ごし方によっては、「好決算だった」と確認することができてほっとすることでしょう。反対に、とんでもない「負債」を抱えていたことがわかり、奈落の底に突き落とされるような不安を味わう人がいるかもしれません。さらには、この時点では表に現れずに潜在化していて、のちに何倍にも膨らんで「重い」症状を呈するという問題が襲いかかってくることもあるのです。私のような、「心の闇」を見つめる人間が多忙を極めなくてはならない社会になったということは、子どもの育つ過程に異変が生じ、子どもの姿やその態度に負のサインを読みとっている人たちがいかに多いかを物語っていると思います。

思春期は、確かにそれまでの育ちの方向性が露呈しやすい危険地点です。しかしそれは、けっして人生の〝総決算〟ではないのです。

親が、それまでの親子関係を振り返り、必要だと気づけば子どもとの関わり方を軌道修正し、新たな育ちの道を手を取り合って模索していけるチャンスでもあるのです。

カウンセリングに訪れる人たちには、この「思春期の〝小決算〟」の表面だけを見て、途方にくれてしまっている人たちが多いようです。カウンセラーとしての私の主な仕事は、その人たちに、徒労や絶望から解放され、未来を見据えた希望、勇気、意欲、挑戦に分け入る小道につながる標《しるべ》となり、絶望からふたたび立ち上がり、能動的に生きていけるようにまなざしをシフトさせていくお供をすることです。

中には、遅すぎる気づきに苦しんでいる人、すなわち子どもが成人したあと、さらに、子どもが親の立場になったりしてからようやく問題が浮上し、もう手遅れだとあきらめてしまっている人がいるかもしれません。しかし、そのような人びととの出会いも、私に多くの示唆を残してくれました。どの時期であっても、けっして「遅すぎた」ということはないと信じましょう。
「気持ちが動いたとき」。これは貴重なチャンスの瞬間なのです。
正直なところ私自身、カウンセラーとして駆け出しの時代には、心理学の知識はもっていても、現実的にはどんな子育てが親子にとって好ましいものなのか、確信をもてない状態でいました。しかし、悲劇のどん底にいた人たちとの対話を重ねていくうちに、私の子育て観は大きく変わりました。「望ましい子育て法を追求する」という発想自体が、おかしいのだ。しみついた固定観念が、こなごなに破壊されたような体験に至ったのです。

子育ては「方法」や「ノウハウ」ではない。その瞬間の、その事実に向き合うまなざし、起きたことを感じる心のありようこそが大切なのだ。人は誰でも、どんなかたちであっても、「幸せ」を生きるべきだし、幸せを感じていいんだ。

……まだ漠然とした表現しかできないのですが、私にとって、この「たからもの」ともいえる無限の発想を、私に人生を賭けて教えてくれた人たち。それはときに、自らの虐待で子どもを亡くした親であり、私との出会いのあとに命を絶った人、他人を殺《あや》めて死刑囚になった人、また、犯罪被害者やその遺族など、まぎれもない「極限」を生きてきた人たちなのです。

いま生きている人はみんな、特別な理由・根拠などなくてもいいから、幸せの実感をつかんでほしい。その目標を、絶対にあきらめないでほしいのです。あなたが、「幸せ感」に本気で手を伸ばそうとした瞬間、まるで重い足かせから解き放たれ、信じられないほど軽やかで穏やかな世界を知ることができるでしょう。その前には、どんな常識も建前も、かすんで見えるようになるでしょう。

その一方で、いつまでも目に見える根拠に支えられていないと自分を保てない、「立派な教育者」「サクセス・ストーリーの主人公」たちに視線を移したとき、その人たちの姿に、私は悲しみを見てしまうのです。

そう、こんなことを言っている私は、いまの社会においては、「ひねくれた変わり者」なのかもしれません。

さて、本書のタイトルは『お母さん、「あなたのために」と言わないで』です。本書に込めた深い意図の全容を、隠喩として記したつもりでいます。いったい、どういう意味なのでしょうか？　最後まで読んでいただき、腑に落ちる体験をしていただければ幸いです。

子どもを愛したいと願う親たちが、カウンセリングで自らの心の「深みに触れる」ようになるにつれ、これまでの子育てで明らかかな「問題」と意識されていたものが、まるで別ものに変貌してしまうのです。それまで「子どものため」に努力する生活から、親自身の人生により関心が向き、「居心地よさ」「気楽さ」「適度ないい加減さ」といった、新しい感覚に漂う生き方を味わうことになるかもしれません。ああしなさい、こうしなさいと迫る「子育て論」は、けっきょくのところ理屈に終始してしまいます。ハウツーやノウハウでは、子育ての実感を得ることはできません。目先のこまごました「こだわり」を超越し、はるか空高くなびいている「人間って、いいなあ」という感慨の域へ、世界中のみんなのまなざしが向かうとしたら、どんなに素敵でしょう。私はそうなることを、いつでも信じていたいと思っています。

そこで本書では、主に小学生から高校生くらいの年代の子どもが、父親や母親に向けて発する、一見難解で多種多様なメッセージをたくさん紹介します。私が通訳者となることでわかりやすく届けられるように工夫を凝らしました。それらは、ときには直接的で強いトーンの言葉やショッキングな表現であるかもしれません。ときに遠まわしで優しい語り口をとることもあります。読者の心を揺さぶるようなトリッキーな仕組みをあちこちに織り交ぜていますので、読み進めていけば、まるで自然に起きたかのような「心の変化」が見てとれるはずです。みなさんは、その「はじめての出来事」に対しての期待と、そしてそれなりの「覚悟」の準備をしていてくだされば幸いです。

一方で、これだけはきちんと整理しておかないといけないことがあります。

親たちが、何もないかのように装ってがっちりと抱えこんで守ってきたもの。そして、どうかするとカウンセラーからも隠そうとするもの。

それは「家族の秘密」です。

親から子へ受け継がれる、家族の秘密。それは、親と子の関係だけではなく、親の親（子どもにとっては祖父・祖母）から親へ、そしてそれが子どもに受け継がれているという例が、実は多いのです。私のようなカウンセラーは、その秘密を読み解き、ほぐしていきます。注力すべき作業のすべてがそれである、と言っても過言ではないでしょう。

＊　＊　＊

部屋に入ってきたその人の表情は、固いままでした。何を考えているのか、その心の動きを表情から読みとることは、難しいと思いました。

いきなり、その人はこう私に問いかけてきました。

「先生は、常識的に物事を考えますか？」

一瞬、何のことか意味がわからなかったのですが、私はすぐにこう答えました。

「いや、私は非常識ですよ」

するとその人は、少しほっとしたような表情を浮かべました。

これが、作家・劇作家の柳美里《ゆうみり》さんとの最初の出会いでした。以来、半年弱の期間に、私と柳さんは六回の面接を重ねることになりました（もっとも、準備段階や打ち合わせもありましたので、正式に「カウンセリング」と定義される回数は四回となります）。そして柳さんは、私とのカウンセリングをもとに、自らが悩んでいた息子さんへの虐待のルーツが「家族の秘密」にあったという気づきの過程を、『ファミリー・シークレット』（講談社）という単行本にまとめられました。

実際に行なわれたカウンセリングの内容がそのまま公開されることは、めったにないことです。柳さんがどんなことに悩み、私とのカウンセリングに取り組むことで、過去や「家族の秘密」にいかに向き合い、その内面にどんな変化が起きたか。それらが文学者ならではの洞察力や表現力によって、見事に描き出されていることに驚かされました。読者のみなさんにも、ぜひ読んでいただきたいと思います。あわせて本書では、柳美里さんのお許しをいただいて、第7章と第8章で、カウンセラーである私の立場から見た、柳美里さんのカウンセリングについて触れることにしました。

読者のみなさんは、柳さんの書いてこられた小説やメディアで伝えられる言動からこう思われているかもしれません。柳さんはエキセントリックな、「特別な人」なのではないかと。事実は違います。柳さんの真剣な悩みは、子どもをもつ親すべての悩みと何ら変わることはありません。柳さんの叫びは、この世の多くの親、特に母親の叫びである、私はそう思っています。ぜひみなさんが柳さんの「心の旅路」にも寄り添っていただければと、著者として願っています。そして本書には、私がこれまでに、心の旅路の「お供」をさせていただいた数多くの親子から託されたメッセージもたくさん詰まっています。それを、いま路頭に迷い、立ちすくんでしまっている親の立場にある人に届けようという思いで書きました。

第1章 ＊ 「問題児」は、本当に問題児なのか

子どもの「世界」が見えなくなる

小学六年生の娘をもつ、ある母親にたずねてみました。何年か前のことです。

「子どものことで最近、戸惑うことはある？」

間髪入れずに返ってきた答えはこうでした。

「私の前で見せる顔と、友だちの前で見せる顔が違う。友だちが遊びに来ているときに、話を合わせようとして私が何か言うと、あとから『どうしてあんなこと言ったの！』と叱られてしまう。子どもが何を考えているのかよくわからない」
一、二年前までは、子どもがどんな友だちと、どんなつきあいをしているのか、母親と

してよくわかっていたのに、いまは複数のグループが微妙な関係でからみ合っているようで、把握できなくなったというのです。

たとえば、自分の娘が由理ちゃんと一緒にいるときに、別な日に娘がありさちゃんと観に行った映画の話題を出したりすると大変です。由理ちゃんが入っているグループと、ありさちゃんのグループには、仲の悪い子同士が入っているからです。母親には想像も及ばない人間関係の中、小六の娘は、小さいながら、それなりにつきあいを両立させようとしているのですね。

男の子になると、母親にとっては、さらに「未知」の世界が広がることになるでしょう。顔も名前も知らない友だちがいるようだと思っていたら、いつの間にか知らない女の子とも仲良くなっている。「勉強は大丈夫かしら」と、ますます心配になるのでしょう。それに気づく時まで、子どものことを「私の子ども」と感じながらいつも視界の中に見てきていたのに、その姿を見失ってしまったような気持ちになるでしょう。

この時期の子どもは、母親にくっつきながら加わっていた社会（人間関係）から飛び出して、自分で見つけた同世代の仲間との関係に居場所を移していく過渡期です。彼ら（彼女ら）は、「子どもの社会」に親がむやみに侵入してくることを好みません。自分たちの社会を作っていくということは、必然的に親に対して秘密をもち、ときに拒絶をも示すのですが、これは全く健全な「自立」の歩みなのです。

反抗は親離れの力

思春期は「第二次反抗期」と言われています。身体に注目すると「第二次性徴期」と言い換えることができます。男性・女性ホルモンが多量に分泌されることによる生理的激変が、心の成長の奥底にあるのです。

人間の場合、ライオンをはじめとする動物のように、親が子どもを突き放すことで自立が達成されるのでなく、子どもが親に反抗することによって、親は子どもから離れることを余儀なくされるのです。これが重要です。この反抗が一般に男の子に激しいのは、異性である母親との間の距離を大きくとろうとすること、男性ホルモンが脳の攻撃中枢を刺激することが関係しています。

子どもの暴力や暴言が激しければ激しいほど、親からの自立を果たすための「はね返す力」がそれだけたくさん必要なのだということです。そのことを逆に見れば、それまでの子育ての中で、その子が「児童期に親に大きく依存してきた」ということを物語っているのです。

親はここで、「わが子の気持ちがわからない！」と戸惑うのですが、実は親だけでなく、自立期にある子どもたちも、自分の心に生じている変化を、言葉で表現できるほどにはわかっていないのです。そんな子どもなりの未熟な社会を尊重してやることが、親にできる最適な支援であり、課せられた試練でもあるのでしょう。

さて、本章の冒頭に出てくる「母娘」とは、誰だったのでしょうか。実は私の妻子なのです。「父親である長谷川はそれに気づいていたか」って？　それは……。読者のご想像におまかせしましょう。

「内」と「外」でつかう違う顔

思春期の子どもが親に対して適度に秘密をもつことは自然なことだということをお話ししました。その対象はもちろん親に対してだけでなく、学校の先生など、大人全般に対しても同じことがいえます。

それ自体は自然なことなのですが、私が大きな危機感を抱いていることがあります。親に見せる「顔」と、家の外で見せる「顔」の違いが大きすぎる子どもが増えているという現状です。

不幸にして（本当は、幸運なのですが）その事実を知った瞬間、親たちはまさしく「わが子の気持ちがわからない！」と混乱状態に陥ることになります。学校の教師からも、「違う顔」をもつ子どもについて相談を受けることがあります。子どもが学校で起こした問題について、親に知らせるのが怖いというのです。最近、そういう子どもは家では「よい子」として過ごしている傾向が見られます。ですから、学校の様子を親に説明しても信じてもらえないわけです。「事実」をストレートに伝えようものなら、聞かされた親のほうが学校を疑って感情的になり、責任を追及する事態にまで発展しかねないというのです。昨今よく話題になる「モンスターペアレント」です（第5章でくわしく触れます）。実のところ、そのこと自体は無理もありません。親は、家で見る子どもの姿しか知らないのですから。

「よい子」とは何だろう？

「よい子に育ってほしい」というのは、どの親にも共通した願いです。

しかし、ちょっと立ち止まって考えてみましょう。

「よい子」とは、いったいどんな子どものことを指すのでしょうか？

「よい子」であることは、子どもの成長にとって望ましいものなのでしょうか？どうして「よい子」と「それ以外の子」の違いが生まれるのでしょうか？

「そんなこと、つきつめて考えたことがない」という方が大多数なのではないでしょうか？　しかし、せっかくですからじっくりと考えてみましょう。

私が出会った「よい子」「いい人」の中には、かなり無理をしていて、いつ破綻してもおかしくないという人がたくさんいました。本人も限界に達して、その「なにか」が起こるまで、無理をしていることに気づけないでいたのです。それに対して、反抗的な子どもの場合は、子ども自身がある程度自分のことを把握していて、人からどのように見られているかも知っている傾向がうかがえるのです。もちろん、自分自身に関する理解の内容は、必ずしも正確でなく、歪んでいる部分も大きいのですが。

一度話をしただけなのに、強く私の印象に残っている中学二年生の女子生徒、奈々さんがいます。彼女はいわゆる「不良少女」でした。身なりは乱れ、しばしば教室を抜け出しては、教師に悪態をついていました。私は学校から依頼されて、相談室で奈々さんに会ったのでした。

腕と足を組み、そっぽを向いて座る彼女に、私はいきなり問いかけました。「自分のこと、好き?」と。すると少し間をおいて首を縦に振ったのです。次に「お母さんのことは、好き?」と聞くと、同じようにうなずきます。「あなたは幸せ?」「いままで生きてきてよかった?」という質問にも、彼女は肯定するのでした。

そこで今度は反対の気持ちをたずねてみました。「自分のこと嫌い?」「家は楽しくないんじゃない?」「学校にも来るのは気が重いよね?」……すると奈々さんは、これらの質問には首を横に振って否定するのです。

この返事の仕方はおかしいのです。なぜなら、反抗的な態度をとる子どもたちはたいてい、「自分はダメな人間で、存在価値もなく、大人たちから嫌われている」と信じこんでしまっているからです。つまり自己評価が低いのです。私はこのとき、奈々さんが常に本音とは反対の気持ちを表現し、相手を誤解させながら、「ダメな子」として集団に合わせてしまっているのではないかと考えました。そこでこういう風に、そのことを伝えてみたのです。

「あなたは、本当は『はい』のときに『いいえ』と答え、『いいえ』のときに『はい』と答えちゃうんだね」

それを聞いたとたん、奈々さんは突然、号泣しはじめました。

私は、奈々さんの感情の激流が収まるまでしばらく待ちました。「親や先生って、子どものこと全然わかってないんだよね?」。すると、彼女は両手で顔を覆って泣き続けたまま、右上から左下に向けて、斜めに首を振ったのです。彼女の中で混乱が生じています。自分の心の奥を見ようとする他人(私)に対して、「はい」と素直に本音で応えていいのか、いままでどおりのあまのじゃくに徹するか……彼女の「心が動きだす」にはこれで十分だと感じた私は、「この部屋でいっぱい泣いて、落ち着いてから帰ってね」と言い残し、先に部屋を出たのです。

数日後、母親に会ってみました。彼女は、娘が小さいときのことを、「わがままを言わない、扱いやすい子だった」と語りました。母親は仕事が忙しく家事との両立が大変で、娘と触れ合う体験はほとんどなかったそうです。奈々さんは中学から生活が乱れ、それからは叱るばかりという関係になってしまったのです。

奈々さんに、「思っていることの反対を答えてしまう」癖がついたのは、「お母さんと話したい、甘えたい」という本当の気持ちを幼い頃から打ち消し、「別にお母さんと話さなくたっていい!」と、強く心の中で言い聞かせてきたからだと考えられます。中学生になって、不良っぽくふるまうと母親から叱られることを知り、母親が自分の相手をしてくれるのがうれしくて、自ら「あまのじゃく」の道を選んだのでしょう。

数週間後、担任の先生から「奈々さんが見違えるように変わった、素直になった」という報告を受けました。思春期の子どもにとって、「大人にも本心が伝わるんだ」と知る体験は、大発見であり、とても貴重なものなのです。

「どうせ大人にはわからない」とあきらめ、親に理解してもらおうという気持ちを捨ててしまっている子どもが多い現実は、とても悲しいものです。思春期の子どもが、幼い頃のように、もう一度「わかってほしい」という気持ちを取り戻せなければ、親はいつまでも「わが子の気持ちがわからない」と嘆くことになるでしょう。

「子どものあきらめ」と「親のわからなさ」という悪循環を断つには、子どもに対して「話しなさい」と説くのでなく、子育てに戸惑う親のほうから、何でもいいから自分を変えてみることに挑む、そのほうが、ずっと近道になるのです。

柳美里さんもカウンセリングが終わったあと、この努力をされました。家族は確かに動きはじめたようです。第8章にご紹介しましたので、あわせてごらんください。

子どもから見た「大人の心の色」

「子どもは親の鏡」と言われます。「大人が変われば、子どもも変わる」という青少年育成のスローガンが叫ばれています。これらの言葉の裏には、「大人が子どもたちのお手本にならなければ」という自戒が込められています。心理学の学習理論（モデリング）からも、この発想は的を射ているといえます。子どもたちは、大人から教えられたものを身につけていくのでなく、大人の姿を見ながら、自然に同じようになっていくのです。

子どもたちのまなざしは、世の中の大人をどのようにとらえているでしょうか。私が数年前に実施した調査からおもしろい結果が読みとれます。

「心を色にたとえると、世の中の大人は何色になりますか?」という質問をして、十五色をカラーで提示して、小学三年生から中学三年生までの子どもたちに選んでもらったものです。

大人の心の色について、もっとも回答の多かったのは、「黒」と「灰色」でした。その割合を、学年ごとに図示してみました(図1-1、図1-2)。

黒と灰色はどちらも、心をたとえるにはふさわしくない色です。調査用紙には、その色を選んだ理由を自由に書いてもらう欄を設けていたのですが、記されていたものを要約すると、ずばり「大人は子どものこと何もわかってないくせに、注意ばかりする」「大人は悪いことばかりしている」ということになります。

男女ともに、小学六年生で黒と灰色を合わせた割合は五〇%程度になり、中学三年生へ

図 1-1　男子が「大人の心」に「黒」か「灰色」を選んだ割合

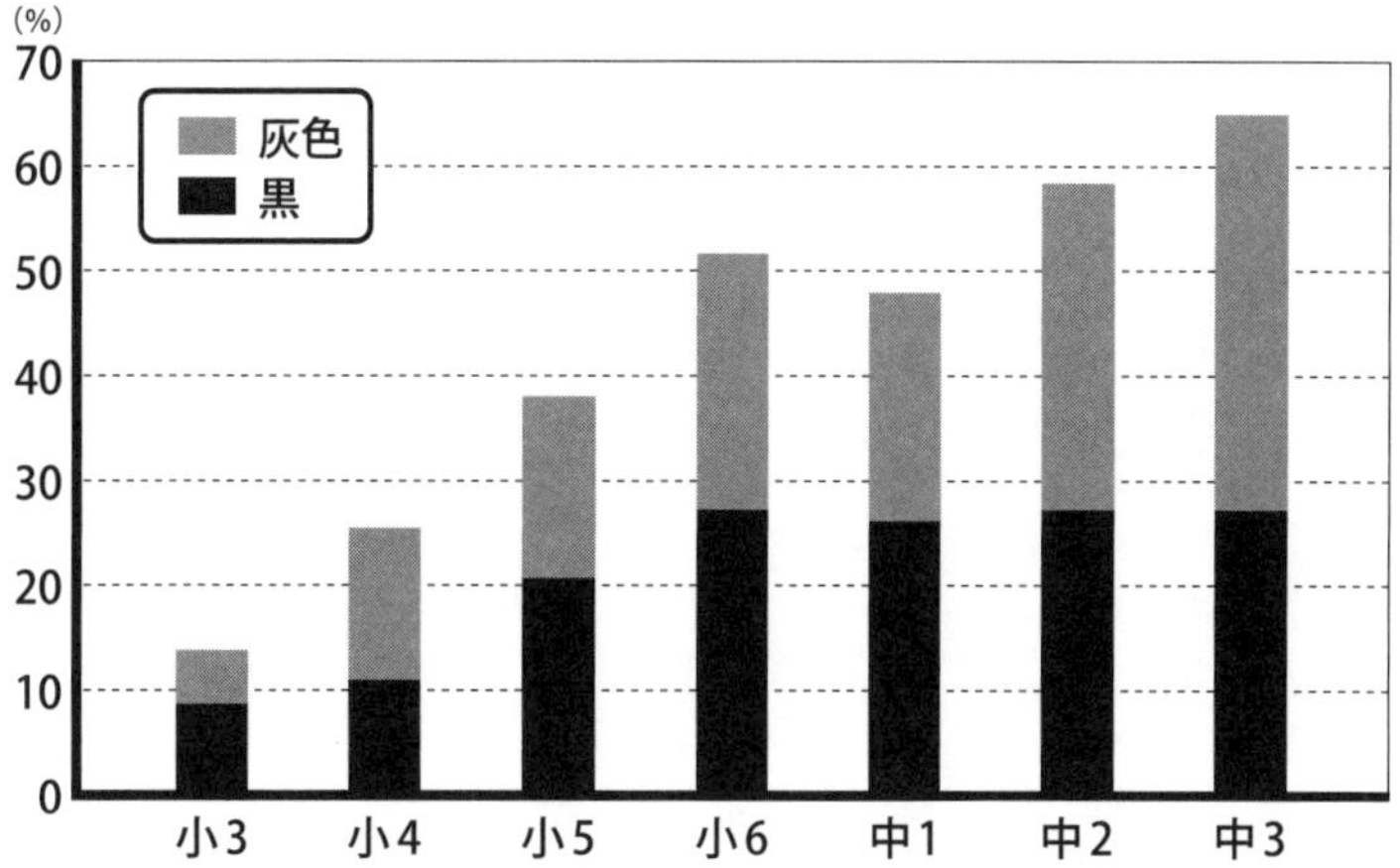

図 1-2　女子が「大人の心」に「黒」か「灰色」を選んだ割合

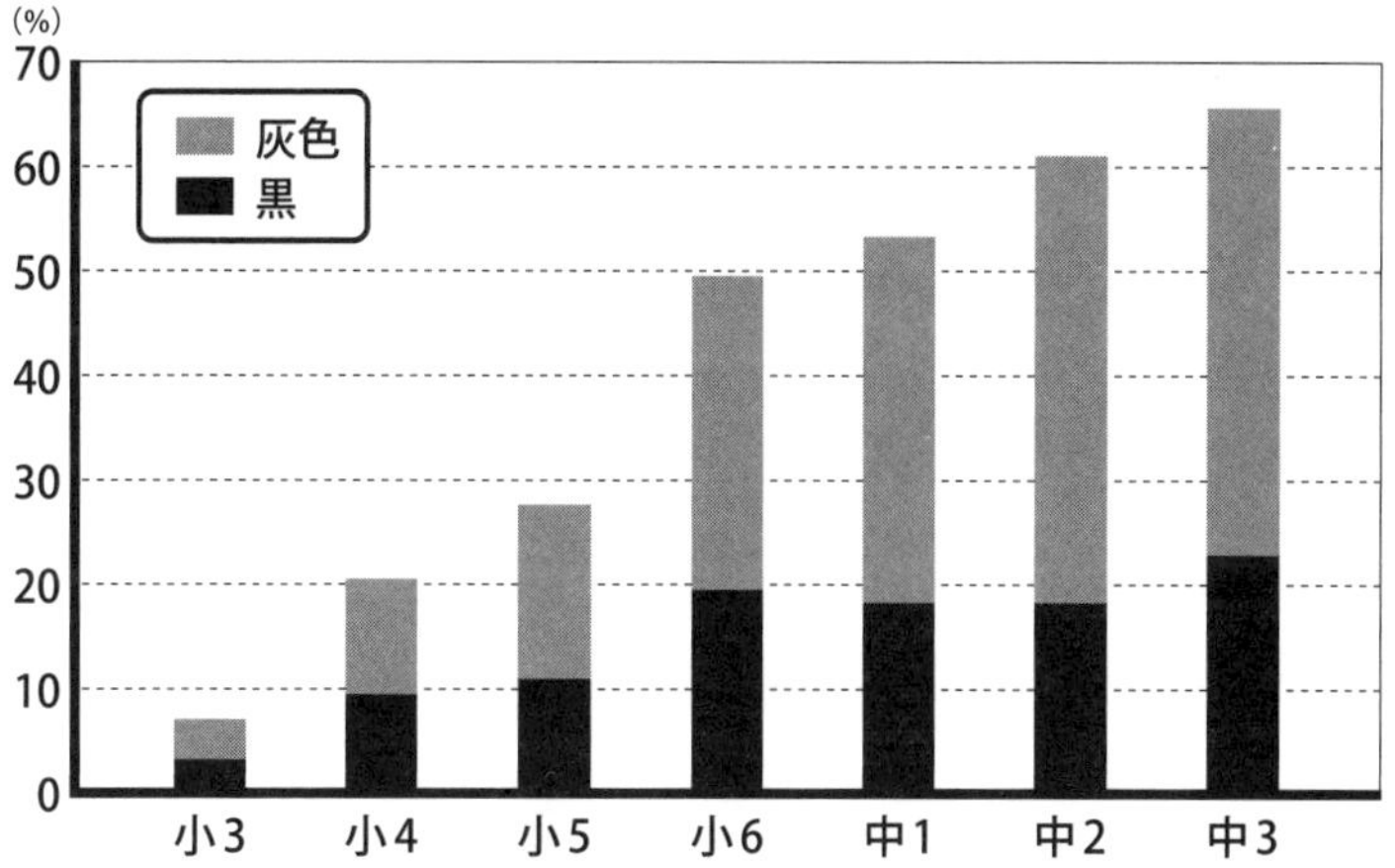

と学年が上がるにつれて七〇％に近づきます。小学校低学年では男子がそう答える傾向が強いものの、六年生以上で性差はなくなります。

少し想像してみませんか。わが子が「大人の心は汚い」と思っている、と。割合から見て、けっして他人事ではすまされませんね。ふだんはおとなしくして、大人への批判を口に出して言わなくても、心の中ではそう思っている可能性が高いのです。そして、いまは「違う」と思っている子どもたちも、大人の汚い部分をお手本にして、いずれはそれに染まっていくのかもしれません。

いったいどうしたらいいのでしょうか。対策を練るためのヒントが、「子どものこと何もわかってないくせに……」という率直な記述の中にありそうです。そうです。やはり思春期の子どもたちは、大人にわかってほしいのです。決めつけたり、注意したりする前に、それなりのわけや言い分、気持ちがあることを。

子どもたちは自分をどう見るか

では、子どもたちは「自分の心の色」についてはどのようにとらえているのでしょうか

図 2-1　男子が「自分の心」に「黒」か「灰色」を選んだ割合

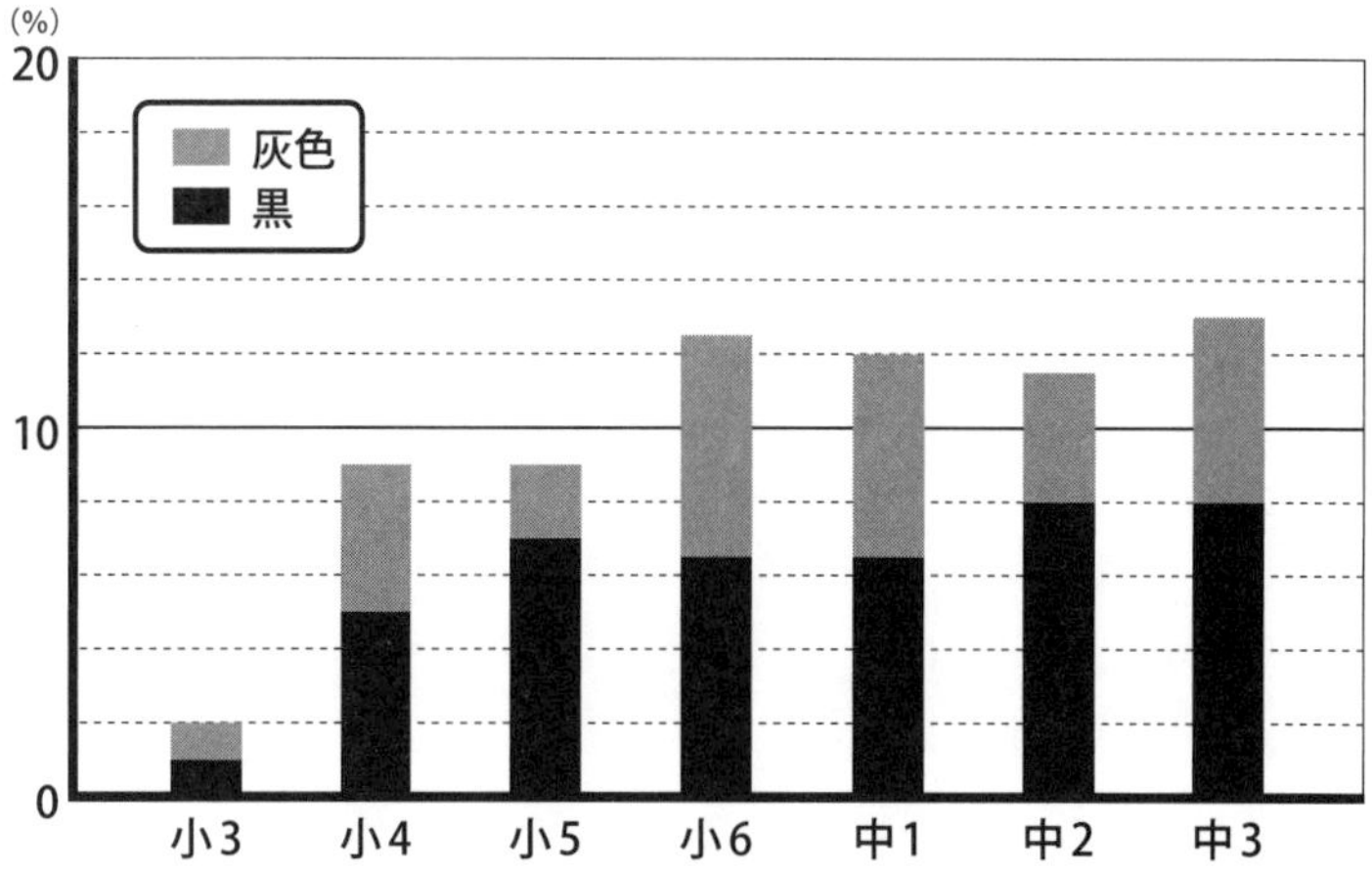

図 2-2　女子が「自分の心」に「黒」か「灰色」を選んだ割合

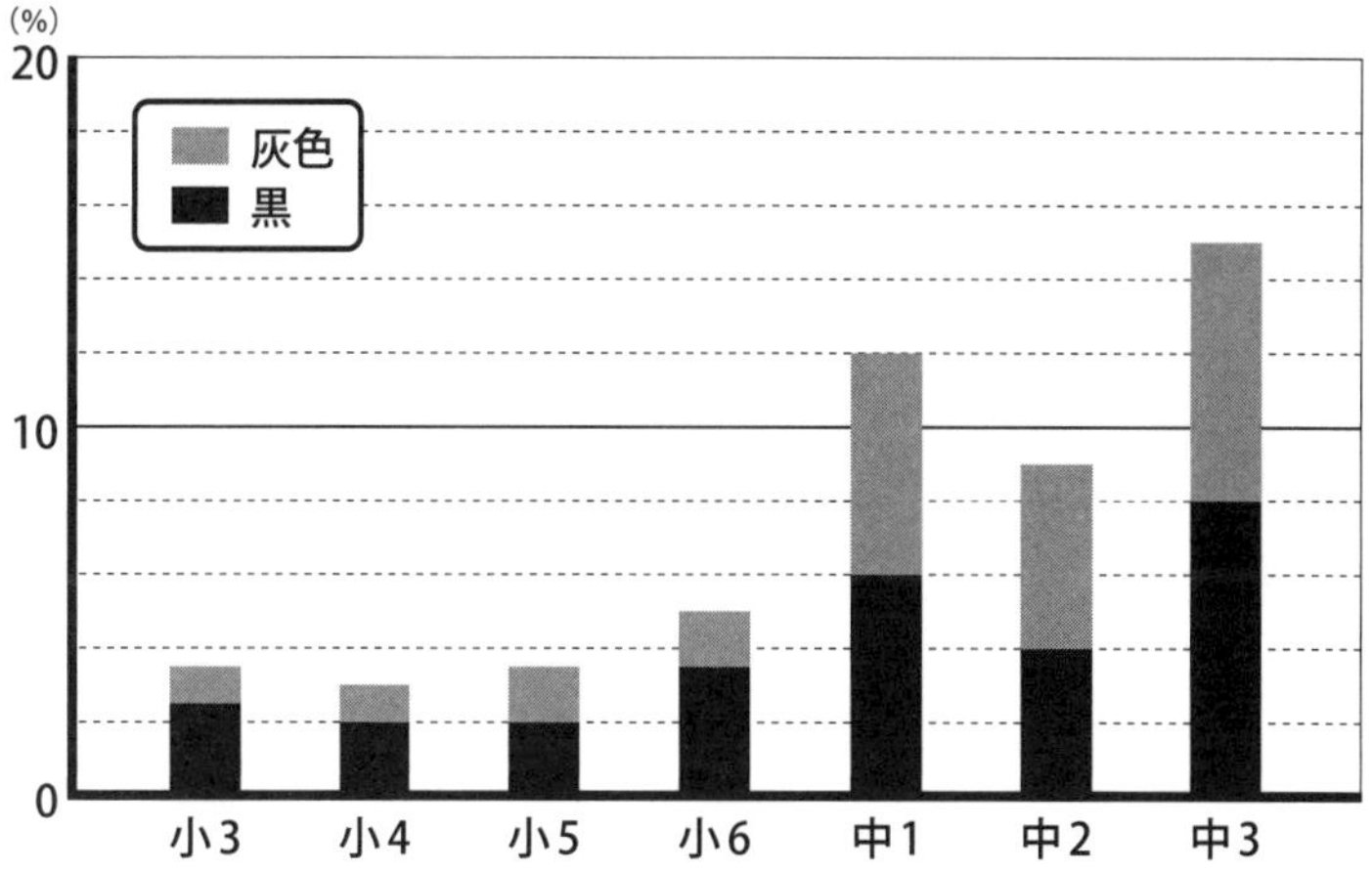

（図2-1、図2-2）。男女ともに、「大人の心の色」の場合と比べて、黒と灰色の割合はかなり少なくなっています。全学年を合わせて多かったのは、水色一一・八％、黄色一一・八％、オレンジ一一・八％、青一〇・一％、赤九・〇％、ピンク八・一％の順でした。それらの理由として、「きれい」「かわいい」「さわやか」「元気がある」「燃えている」など、肯定的な意味合いのものが目立ちました。

黒と灰色は全体的に少ないのですが、学年が上がると多少増える傾向にあることは否定できません。その傾向は、男子は小学校中学年に伸び、そのあとはなだらかに割合が上昇するのに対して、女子は中学生になる頃に急に伸び、中学三年生で男子と逆転します。

「汚い心」の大人の姿を見て最初は嫌悪しながらも、それをお手本にしてしまい、「歪んだ自分らしさ」を作ってしまうことがうかがい知れます。

なぜ、子どもたちの、自らのイメージに黒や灰色が入ってくるのでしょうか。「世の中の大人」一般に汚さを見て育ったということも考えられますが、一番身近な大人としての親のほうが、子どもに「お手本」として与える影響が圧倒的に強いと考えたほうが自然です。したがって、この図で「自分の心」を黒や灰色とイメージした十数％の中学生たちは、家庭での親の姿に問題があるとサインを発していると考えるべきでしょう。親としては、指摘されているというよりも、「教えてくれているのだ」と受けとる態度が必要です。

図3　「自分のことが嫌い」と答えた子どもの割合（3847人対象）

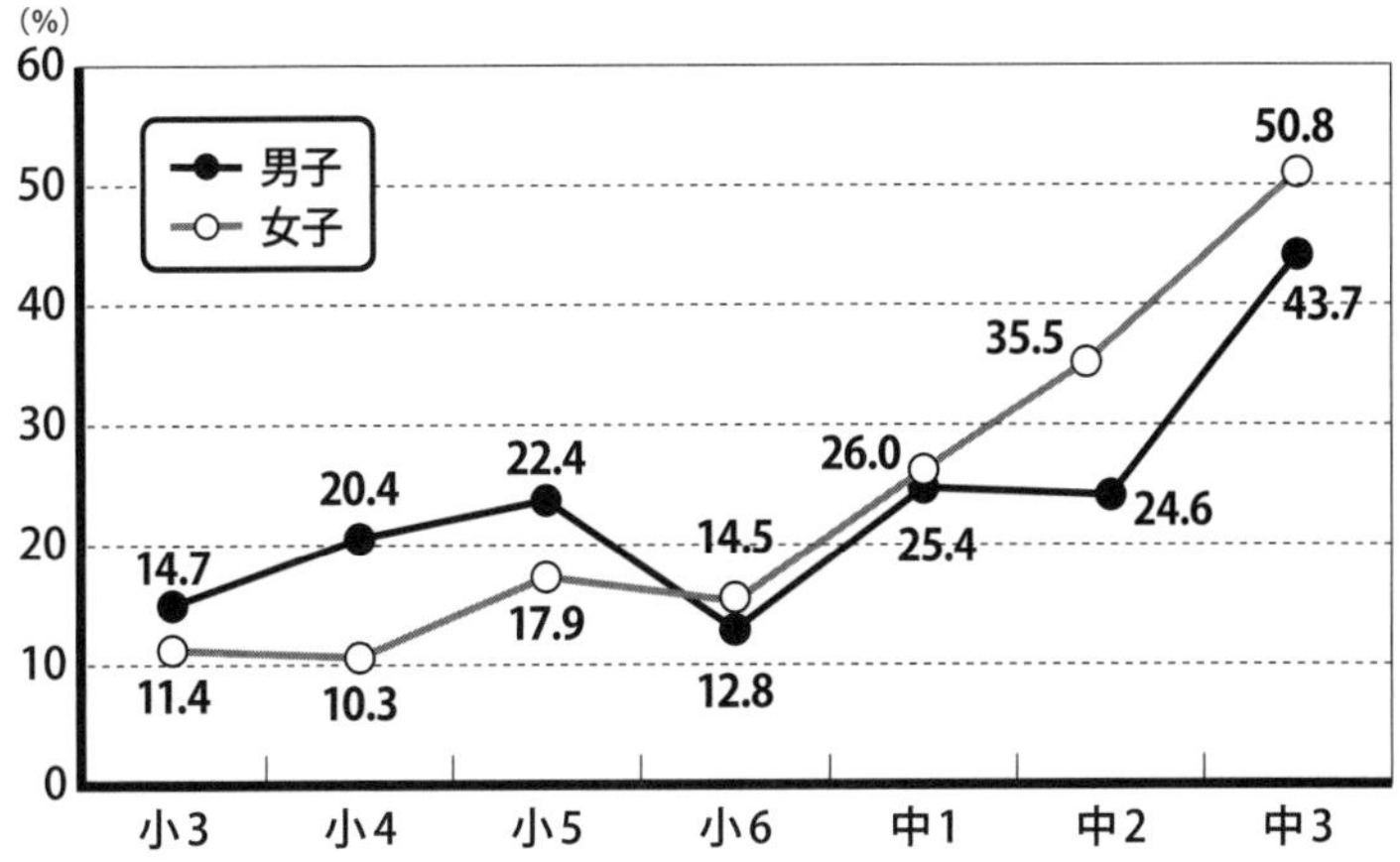

何か実体のあるものを色にたとえる際には、対象物が目に見えるために、共通したイメージを描きやすいものです。出来事についても、多少なりともそういう部分はあるでしょう。子どもはメディアなどを通じて大人の不祥事の実態を次々と知り、ここから大人一般の心をイメージするわけです。反対に、自分の心については、対象化してとらえることができませんから、気に入らない面にも注目できず、黒や灰色にたとえることが難しいのかもしれません。

次に、こういう質問をしてみました。「あなたは自分のことが好きですか？」と質問し、「はい、好きです」「どちらでもないです」「いいえ、嫌いです」の中から答えをひとつ選んでもらったものです。自分を「嫌い」とした割合を示しました（図3）。

これによると、「自分のことが嫌い」と思う傾向は、男女ともに小学生のうちは一〇から二〇％とあまり変化しませんが、中学生の上の学年になるにつれて急に増え、中学三年生の時点では五〇％前後に達していることがわかります。増加傾向は女子のほうがやや顕著です。ちなみに中学卒業後、「自分のことが嫌い」と思う子どもはさらに増え、七〇％近くに達することを示すデータもあります。このように思春期の終わり頃が、自己嫌悪感が高まるピークになっているようです。

この観点から見ても、思春期の子どもの心はとてもデリケートだということをうかがい知ることができます。自己嫌悪感の強い子どもは、人からどう見られているかに敏感で、小さな出来事で傷つき、積極的で建設的な行動をすることができません。

だいぶ前に「オバタリアン」という流行語がありました。これは他人の目をはばからず堂々とふるまう、中年期以降の女性を揶揄したマンガのタイトルから来た言葉ですが、これは、心危うい若者世代が、萎縮した自分たちと比較してみての、ある種の羨望も込められていたように、私には感じられるのです。

反抗的な子の心の中

中学三年生の子どもの約七割は、世の中の大人のことを「黒」や「灰色」の心をもつ汚い存在だと見ていることを示してきました。子どもたちが思い浮かべる「大人」の中には、メディアから流れる犯罪や不祥事に手を染めたような人はもちろんのこと、自分の親や学校の教師たちも含まれているでしょう。そのことは、彼らがアンケートに記した理由、「子どものこと何もわかってないくせに、注意ばかりする」などから容易に読みとることができます。これは、大人との間で直接体験していることを指摘しているからです。

この「否定的な気持ち」にどうやって向き合うかという課題こそが、大人に反抗的な子どもの気持ちを理解し、心の対話を可能にする突破口になるのです。ですから「反抗」は、好ましくないと切り捨てるのでなく、大切に扱われるべきものなのです。

中学生にもなると、「大人は汚い」と思いこんでいる子どもたちは、その本音を自ら語ろうとはしなくなります。「うざい（うっとうしい）！」「関係ない！」などと吐き捨てて、関係を絶とうとします。そこで、「君たちの本音を知りたいよ」「君たちの思いを大事にしたいよ」という心のこもったメッセージを、大人のほうから積極的に子どもたちに届けていくことが求められるのです。これは、「言葉でうまく丸めこめばいい」という話ではなく、本気の姿勢で臨まなければならないことです。

ある中学校から頼まれて、いわゆる不良グループの頭（ヘッド）として君臨していた三年生の男子生徒、啓介くんにはじめて会ったときのことをご紹介しましょう。

私が最初にしたことは、教師たちに席をはずしてもらい、一対一になることでした。ここは重要なポイントです。彼は「スクールカウンセラーだってどうせ……に決まってる」と、私も汚い（決めつける）心をもっている人間だと信じこんでいるはずです。その不信感を和らげるためでなく、彼の気持ちを大切にすることを目的として、私はこうして会いにきたのですから。

啓介くんと心を通わせるための勝負どころは、私のことを「いままでの大人とは違う」と感じてもらえるかどうかです。そして「世の中には、〝わかる〟大人もいるんだ」という再発見が、他の大人に向けるまなざしにも波及していく効果を期待するのです。

ふたりだけになってから、私は、彼に何と言ったでしょうか。そして何が起きたでしょうか。少し予想してみてください。

啓介くんはふんぞり返る姿勢で椅子に座ると、足と腕を組み、そっぽを向いていました。「何も話すことはない」といった感じで、口を真一文字に結んでいます。

おもむろに私は話しだしました。「大人ってほんと汚いよな」「何もわかってないくせに、わかってるような顔してうるさく言ってくる」「自分たちはやってよくても、子どもにはダメだと決めつける」「口うるさいおかんもおかんだ。いい加減、静かにしておいてもらいたいよな」「おとんは家では何も言えない」「おねえは勉強できるから、家の自慢の子だ」「先生は〝決まりだから〟と押しつけてくる」「みんな卑怯なんだよ。むかつかないかい？　そんなやつらに話しても無駄だよな」……。

こうやって、身近な大人への悪口をたたみかける私を、啓介くんはいつしか神妙な面持ちになって正視していたのでした。もちろんこの話の内容は、あらかじめ彼の家族の事情を把握しておいてのことで、私は彼の本音を推し量りながら話していたのです。

最後に私は、「君は自分で判断してやっていける子だと思った。もし将来ピンチが訪れたら、私のことを思い出して連絡してくれればいいよ。君と会えてよかった」と啓介くんと握手して別れました。

しばらくたってから、担任教師が私に言いました。「彼はあのあと、顔つきが違ってました。〝教室に入ろうか〟と誘ったら、素直に〝はい〟と答えて入ったんですよ。こんなことは初めてです。先生のこと、〝あいつはわかるやつだ〟とか言ってました」と。

大人や社会が信じられない子どもには、大人がいくら道徳や規律を説いても意味はないのです。子どもは見ています。子どもは知っています。大人の言うこととやることとの間の矛盾に。大人も自分に対して無理な理想を課すことをやめて、元来の「不完全」な人間になって、お互いの多少のミスは許し合い、子どもにもそうしてやろうではありませんか。これで少なくとも、矛盾ばかりだった大人に対する子どもの不信感は和らぐはずです。大人も子どもも、ストレスから解放されて、もっと「ラク」を味わえるはずです。

第2章 ＊ 子どもの嘘と「家族の秘密」

親に知られたくない「秘密」

前章で「親に対して適度な秘密をもつのは、思春期の子どもの健全な歩み」と書きました。しかし、そう信じて子どもの秘密をそっとしておくことができるでしょうか？ 実際のところは、ふつうの親にはなかなかできない、とても難しいことだと思います。それを可能にするためにはしっかりとした「土台」が必要でしょう。その土台となりうるものが、「親が子どものことを信頼している」という、自然にわきあがる感覚なのです。

親が子どものことをすべて把握し、道をそれていないかどうか確認できないと不安になってしまうという感情は、どの親でも多少はもつものでしょうが、そのことが、すでに子どもの健全な歩みが危うくなっていることの表れだと考えるように努めてみましょう。

子どもを手元に留めたいとする親の姿勢は、子どもが思春期になってから急に始まるのではありません。幼児期から「無意識」のうちに子どもを操縦しようとしてきたという事実に、気づくことができなかっただけなのです。このような管理的な親のもとでは、子どもは「子どもの社会」を守るために、隠しごとに奔走しなくてはなりません。こうして「親の詮索」と「子どもの隠蔽」という対立の構図ができあがってしまい、親子ともども、本来の自立とは違う作業にエネルギーを費やさなくてはならなくなります。ここでくり広げられる闘いが厄介なのは、親にはそれが「子どもの問題だ」と見えてしまい、本来は、「自分と子どもとの関係性」を問われていることが自覚できなくなる点です。

ふたたび私事で恐縮ですが、今度は、当時中学生だった息子のことです。家には息子の友人たちが出入りしていましたが、私は、息子の友人たちからときどき「妙な依頼」をもちこまれていたのです。

「すみません。これ預かってもらえませんか?」

夕方、手に「秘密の品」を持ち、智宏くんはわが家の門を叩いたのでした。すぐに事情を察することができたので、私は預かることにしました。彼が、その「品」を持っていることは親には内緒です。智宏くんの話では、最近、親が怪しんでいるような気配を察したので、見つかる前に証拠を隠そうとしたのでした。彼との「約束」ですから、それが何なのかをここで明かすことはできませんが、彼の名誉のためにつけ加えると、それは多くの中学生が持っている普通のもので、彼が自分の小遣いで買ったものです。

しばらくたってから、智宏くんは「もう大丈夫になりました。ありがとうございました」と礼儀正しくあいさつをして引き取りに来ました。別れ際、「理解してくれる大人がいて助かります」と照れながらもらしたひとことが、寂しげでした。

別の中学生、誠くんもわが家にやってきました。

「たくさん〝来ちゃった〟ので、少し引き取ってもらえませんか？」

事情を聞いてみると、ネットオークションで落札した「生き物」が、手違いでたくさん届いてしまい困っているとのこと。数百円程度と高価なものではありませんでしたが、親から飼育を強く禁止されている環境では、見つからないように維持するのは、数が多くて不可能だと誠くんは考え、どうしようかと悩んだ末の訴えでした。それは、わが家にとって予期せぬ〝贈り物〟となり、息子が世話をすることになりました。

ほかにも、親への秘密を「近所のおじさん」に過ぎない私には隠そうとしない中学生が何人かいます。塾へ行っていると親が思っている時間に「少しでいいから休ませてください」とわが家を訪れた子、家族が寝静まったあとにやっているインターネットの話をしてくれる子……。

彼らには共通点があります。それは、例外なくと言っていいほど、厳しくきちんと育てられていることで、ここは注目すべき点です。それにしても、自分の親はいけないが、よその親にならら知られてもよいという中学生の心理は、不思議ではありますね。

子どもはたくさんの寄り道をしながら成長していきます。その遠回りの歩みを多少なりとも許してやれれば、子どもも「親から隠れる」ことに躍起にならず、親子の間には適切な距離が保たれるはずなのです。

子どもの「秘密」に家族の病理が映る

かなり重いケースをひとつ紹介しましょう。

中学一年生のはるかさんから「話を聴いてほしい」と、カウンセリングの申し込みがありました。カウンセリングの最初の日から、彼女はまったく臆する様子も見せず、好きな男の子のことを話しだしました。

「彼氏に抱かれながら、首を絞めてほしいの。そして気が遠くなりかけたら、今度は私が彼の首を絞めて、彼を殺すの。それが私の夢」

おそらく、同じ世代の子どもをもつ読者にとっては信じられない発言でしょう。しかしこれは、はるかさんが私にはっきりと語った「夢」なのです。いままで誰にも話したことがなかったと彼女は言いました。このほかにも、複数の男性と性的関係をもっていること、これまで関係をもったのは五人で、いずれも四十歳以上の、父親のような年齢の人だと彼女は打ち明けたのです。彼女は携帯を取り出し、その人たちのメールアドレスや写真を見せたのでした。

はるかさんの「秘密」は、年齢にふさわしくないばかりか、ひとりの人間として考えても、心に抱くには危険で異常なものです。彼女がここに至るまでの背景には、相当に歪んだ家族病理、社会病理が横たわっていて、一般の親子にまで普遍化するのは不適切かもしれません。しかし、こんな秘密をもつ思春期の子どもが現実にいること、そして、そういう子どもたちも、表面上はふつうに家庭生活を送り、学校に通っていることは、ぜひ知っておいていただきたいと思います。

これに対して、智宏くんや誠くんの「秘密」はきわめて身近なもので、言ってみれば、どこの家庭にもありうる秘密です。ここで問題にしたいのは、なぜ彼らが自分たちで、この程度の自分のささやかな秘密を保つことができなくなっているのか、という点なのです。

このからくりを解くために、昔といまの子どもが育つ人間環境の違いに注目してみましょう。「昔」のスケールとして、六十年前を取り上げてみましょう（戦争という時代的に大きな特殊事情は、ここでは考慮しないことにします）。

いまから六十年前、一九五〇（昭和二十五）年頃までは、日本の全人口に占める子ども（十四歳以下）の割合は、三六％程度と安定して推移してきました。ところが一九五〇年代半ばから子どもの割合が減りはじめ、現代に至るまでこの現象が進行し、一九九〇年頃から「少子高齢化時代」の到来が騒がれはじめたのです。国が講じた対策もむなしく、少子化には歯止めがかかりません。二〇一〇年のこどもの日に公表された子どもの割合は一三・三％となりました。

ざっと比較して、六十年前は子ども一人に対して大人が二人いることになりますが、二〇一〇年は、子ども一人に対して、なんと大人が六人超もいることになるのです。これは、それだけ子どもに目を配れる大人の数が増えているということを意味します。

大人の生活面でも、注目すべき変化があります。六十年前は炊事・洗濯などの家事労働なども手作業で時間をかけてやらなくてはならなかったのですが、いまではスイッチひとつ押すだけで終わるので、ずいぶんラクになりました。こうして、親たちが手にした心理的・時間的余裕は、「子どもの教育やしつけへの傾倒」というなだれ現象をもたらしたのです。塾に通わせるなどの教育熱が高まったことや自然環境の破壊などによって、外での遊び場が減ったことも相乗的に作用して、子どもが大人を気にせずのびのびしながら過ごす空間は奪われ、ちょっとした「悪」でも見つかっては叱られるという状況の中で、子どもたちは小さな秘密さえ、もつことが困難になったのです。

良きにつけ悪しきにつけ、親の影響力は強まりました。現在子育て中の親もまた、一九七〇（昭和四十五）年前後の「少子時代第一期」を育ち、親子の強い影響関係を体験的に学んできた世代です。その関係を当たり前のものとして信念に取りこみ、親になっているのです。ですから、さらに少なくなった子どもに過剰なエネルギーを注いでしまうのは必然ともいえるでしょう。こうなると、親によるプラスの働きかけだった「守る力」も、「過保護」へとエスカレートし、こうして、「肥大した母性」が子どもを呑みこむようになったのです。

「ほどほどのしつけ」ができなくなっている親

親による「こうでなくてはならない」という強い指導力は歪んだ「支配」と化し、往々にして恐怖による服従を子どもに強いています。もはや、適切な「ほどほど」のしつけができなくなってしまっているのです。親が「子どもに任せ、手を貸さない」と、よくよく肝に銘じていない限り、子どもは自発的に動けないというのが、現代の親子関係なのです。

こう書いていたら、私の子ども時代の一九七〇年頃にはまだ「子どもの秘密」がたくさん残っていたことが、感慨とともに、脳裏によみがえってきました。

――小学生の頃、都会の住宅地に住んでいた。団地のすぐ裏手に小さな山があって、斜面のくぼみを広げてほら穴を作った。ちょうど五人くらい入れる穴。ガキ大将だった私は近所の子どもたちを引き連れてここに入り、夕方遅くまでくだらない話に興じた。暗くなってくると、誰かの親が食事の用意ができたらしく名前を呼ぶ。「しーっ！」と、全員が静かに声を潜める。親たちには知られていない、秘密の基地だった。連帯感のような気持ちもあって、わくわくして、楽しかった――。

多くの読者にも、そんな思い出があるのではないでしょうか。このような風景が当時あたりまえに見られたのは、人口の二四％ほどが十四歳以下の子どもであったという時代背景があったからです。それが一三％台にまで落ち込んだいま、親子関係は完全に変質してしまっているのです。

「しつけ」が「おしつけ」となり、「つけ」となって親に還る

学校の状況も子どもたちを追い詰めています。

「家庭の教育力低下」が叫ばれるようになって久しいですが、「教育力」とは、いったい何を指しているのでしょう。そのとらえ方によっては、「教育力を高めよう！」というスローガンは正しくもなり、間違いにもなるのです。

教育とは、とても幅広い営みを指しています。すでに方針が撤回された「ゆとり」「個性尊重」「個に応じた」なども教育の根幹をなす重要な方針です。「ちゃんと叱る」「毅然と」「親の威厳」という発想もそうでしょう。前者と後者は、対極に位置する態度のように見えるかもしれませんが、それはうわべだけを見て評価した、あまり意味のない区別なのかもしれません。どんな教育方法であっても、子どもたちと大人との間の心理的接触を豊かにし、相互に学びあえる場を作ることが肝心なのだと、私は考えます。

「いまの子どもたちは十分にしつけられていないから、親はちゃんと子どもをしつけるべきだ」

このようなまなざしで親の教育力を強めようとする動きには、私は断固反対します。賢

明な大人たちが想定した以上に、大きく進行してきた少子時代。親のいかなる働きかけも過剰になり、しつけようとがんばることが容易に過干渉をもたらし、子どもは何重にも否定され、その弊害として自発性や自尊心といった人格の基盤部分が培われなくなる危険があるからです。

いま、早期の「しつけ」でもっとも注意を払わなくてはならない問題は、それがしつける側中心の「おしつけ」となってしまい、思春期以降に「つけ」というかたちで子ども自身に降りかかってこないようにすることです。「しつけ」→「おしつけ」→「つけ」といった望ましくない筋道をたどる危険性が、少子化時代にはどの家庭にも存在するということを知っておいていただきたいのです。

では、そうならないためにはどうしたらいいのでしょうか。

家庭の教育力は第一に、子どもの自発性や自尊心を高め、「認める」「許す」「わかる」といった母性機能が優先されるべきなのです。家庭の教育力は、母性的な親子関係から始まり、成長とともに父性が加わり、最終的には社会という厳しい父性原理の中でも適応できるようになるという、一連の流れの中で検討されるべきものです。

個々の家庭の事情を考慮することなく、短絡的に、偏った「地域の教育力」に頼ってしまうと、場合によって子どもはさらに強いおしつける力に押しつぶされてしまうかもしれません。

全国的に取り組まれている「心の教育」の代表格に、「あいさつ運動」があります。「道で人に会ったら、元気に明るくあいさつしましょう」という、没個性的なおしつけ運動といえるでしょう。しばしば、PTAなどで当番を決め、通学路に立って、子どもが近づいてきたとき、子どもに対してあいさつの「お手本」をやっているのを見かけます。母親が「おはよう」と声をかけ、かけられた子どもも同じように「おはようございます」と応えるといった、心が通いあっていない表面的な行動です。そのような期待に沿うあいさつを返した子どもには、プラスの評価がなされるでしょう。しかしもしかすると、その子どもはいやいやあいさつの言葉を発しただけかもしれません。そして見知らぬ大人が視界から消えたあとで、「うざい！」と捨てぜりふを吐いているかもしれません。

このように、見えるところだけを取り繕う教育に頼ってしまうと、大人には見えない子どもの気持ちが、「教育」の美名のもと、裏に多く隠れてしまうのです。これは、言い方を換えると、地域社会が、「フリをしていればいいんだ」という「茶番」を子どもたちに教えていることにはならないでしょうか。あいさつは、そこに心が伴っていないと本物ではありません。建前重視の大人社会ではしかたがないとしても、それを子どものうちから教えるというのは、とても残念なことだと思います。

ここにあげたあいさつの例が「茶番」と書いたのは理由があります。私は小学校高学年の頃、どうもませていたようで、大人や親が喜ぶようなあいさつのやり方を知っていて、意図的にそれを実行していました。相手はそれを真に受け、「いい子だわ」と上機嫌で褒めてくれたものでした。

一昔前は豊かに広がっていた子どもだけの世界や秘密の場。それらがほとんどなくなってしまった現代、数少ない子どもを地域の大人がこぞって教育（しつけ）しようとすると、どんなことが起こるでしょう。いつ、どこで、誰に見られているかわからない状況では、大人の目を気にせずのびのびと過ごせません。子どもが元来もっている知的好奇心は、大人から叱られる恐怖心に負けて、満たされないまま放置され、次第に自分の判断で選択・実行することができない、自発性に乏しい性格が形成されてしまうという危険があります。

これとは反対に、子どもを抑制するのではなく、認め、受け入れるという機能を地域の教育力として強くすれば、子どもは自分の存在を喜び、生涯の「たからもの」となる自尊心を築き上げていくことが期待できるのです。家で行き過ぎたしつけを受けてきている子どもも、それによって救われるかもしれません。家庭の教育力を補うために、地域の大人たちはどの家の子どもも区別することなく、同じ場所で共に生活していることを喜びたいものです。その喜びを伝え合う地域づくりが可能だとすれば、それはなんとすばらしいことでしょう。何年かあとに、その地域に住む人たちの心から「黒」や「灰色」の色が、ぐんと減っているのではないでしょうか。

「危険なよい子」の未来に待ち伏せるもの

子どもが、親に対して「適度な秘密」をもてなくなると、どんなことが起こるのでしょうか。実際に私が経験した事例をご紹介したいと思います。

正浩くんは中学三年生。この時期の男の子が、自分から「聞いてほしいことがある」と言ってカウンセラーを訪ねるのはめずらしいことです。彼は会うなり私が書いた本の書名をあげ、登場人物を指して「その女の子とそっくりです」と訴えました。その本は、「勉強のできるよい子」になろうとがんばった一人の少女の日記や絵を素材にして、苦悩の始まりから癒されるまでの過程を描いたものでした。よい子にしようとすればするほど、心の中では正反対の気持ち、すなわち「悪魔」が強くなってしまう。やがて心は、よい子と悪魔の間を揺れ動き、家族も巻きこんでの死闘の数年間を生きることになったのでした。

「ぼくの中にも悪魔がいるんです」と、正浩くんは言いました。「どうしてそれは悪魔なの？」とたずねると、「人を殺すことを考えているからです」と答えました。人を殺す理由について正浩くんは、「世の中の人間は悪いことばかりしているから」と、戦争や自然破壊、汚職、不祥事、動物虐待、差別問題などの例をあげました。彼が言う「悪い人」とは、人間社会のリーダー的な地位にある人のことを指していることが理解できました。

彼の父親は大学病院の勤務医、母親は元小学校教師です。教育熱心な家庭環境の中で、幼い頃から塾や習いごとに励み、成績優秀で生徒会役員もこなす、親にとって自慢の子として育ちました。ところがこの年齢になって、ふと「自分の心の中の悪魔」の存在を感じ、不安になったのです。もちろんそのことは、両親には内緒でした。

正浩くんは彼なりに、自分に起きていることの重大さを感じとって私を訪ねてきたということでしょう。

私は話を聞きながら、二〇〇〇年に起きた十七歳の少年によるバスジャック事件のことを思い出しました。逮捕されたとき、その若い犯人は「もうひとりの自分が、人を殺せと言っている」と警察の調べに対して話していたからです。彼も、中学生までは十番以内と成績がよく、高校生になって学校生活に不適応を起こしていたのでした。

早めに相談に来た中学生と、事件を起こしてしまった少年。共通していたのは、親が「早くから勉強しておけば、将来幸せになれる」と信じて、子どもの前途にエリートへのレールを敷き、熱心にはたらきかけすぎたということです。

世間一般には「勉強をやらない子」が問題とされます。しかし、ご紹介した事例は「勉強をやる子」の問題で、意外だと受けとられるかもしれません。しかし「勉強をやる子が必ずしも、健やかに育っているとは限らない」という真実は、重く受け止めてもらいたいと願っています。

この正浩くんの、「人を殺したいという、自分の中の悪魔」はその後どうなったのでしょうか。正浩くんは私のカウンセリングを受けて、「テスト勉強をさぼって成績を下げる」という「新しい目標」を確認して、ほっとした様子で帰っていったのでした。

息子のサインを見逃したと悔やむ母

私が晴人さんの遺書を見たのは、練炭自殺でこの世を去ってからおよそ半年後のことです。晴人さんの母親が、「こうなったのは自分のせいではないか」と自責の念にさいなまれ、カウンセリングを受けに来たときに持参してきました。遺書は何通もありましたが、そのうちの一通が母親にあてたものでした。

遺書には「こんな選択をして本当に申し訳ありません」「家族みんなを愛しています」「いままでありがとう」と、身内を思いやる優しい言葉であふれていました。しかし母親が凍りついたのは、遺書にまったく知らない事実の告白がなされ、母親として三十年間そのことに気づかなかったことでした。

晴人さんは、小学一年生のときから塾に通い、模範生として進学校へ、そして有名大企業に就職しました。仕事上での信望も厚く、昇進も速いペースで進みます。母親には輝かしい未来が待っているとしか考えられませんでした。そんな折、晴人さんは突然自殺したのです。

遺書には、中学生の頃からずっと「死にたい」という気持ちがあったこと、職に就いてからギャンブル依存に陥り、多額の借金が膨らんでいたことなど、晴人さんの「真実」が打ち明けられていました。晴人さんは、思春期になっても「よい子」を演じながら、自分にある負の部分を悟られないよう「よい子」「よい人」を、無理して際立たせてきたのです。結局、そのために短い人生に幕を引くことになったのは、まぎれもなく自分の教育熱心さが原因だったのだと、遅すぎる洞察に母親は嗚咽したのでした。

第3章 ＊ 仮面のストレスが暴発するとき——行動化する子どもたち

剝がれない仮面

自分の真実の気持ちを隠しながら、他人に見せている偽りの顔のことを「仮面」と呼ぶことにします。第2章で触れたように、いまの子どもたちにとって、偽り続けなくてはならない相手が、赤の他人ではなく、親や教師になってしまったという事態は、深刻な問題です。このことには、強く警鐘を鳴らさざるをえません。

仮面とは、本来は、自分の意思で着けたり外したりできる「道具」です。どんな仮面にするのかを選ぶことだってできます。仮装パーティーを思い浮かべてみてください。仮面を着けている間は、なりたい人間になることができます。そしてパーティーが終わり会場をあとにするとき、仮面を外してふだんの自分に戻るのです。「臨機応変に自分の意思で利用することができる」、これが本来の仮面の使い方だったのです。

「人格」という言葉は、英語では「パーソナリティ」ですが、実は、その語源は「ペルソナ」というラテン語です。ペルソナとは、まさしく「お面」のこと。つまり私たちの性格は、時と場合に応じて柔軟に変わってよいものだったのです。しかしいまは、その柔軟性が通用しない社会になり、そういった仮面のメリットが失われつつあるように感じられます。この先どうなっていくのでしょうか。現実を見るかぎり、悲観的な予想を立てなくてはなりません。

前章で触れたように、思春期の子どもが、自分の意思で仮面を着けたり外したりすることができれば、健康的な育ちをしている証だと言えるでしょう。たとえば、親に叱られそうなことは隠し、無難なふるまいを見せようとする。そうしておいて、気心知れた友人の前で、失敗談を面白おかしく話すのはもちろんのこと、親や先生の陰口をたたくのです。若者風に言えば、「マジ、ヤバイ」。ときには取り繕い、「ダチ」と一緒のときには素の自分でいられる。「うざい」大人の前ではフリをして、適当な大人に対してはあまり気にしない。

こうした仮面の着け外しを可能とするためには、子どもの中に、さまざまな感情に対する自覚と、自分なりの評価・判断が伴っていることが前提になります。

「僕は、母親が勉強に口うるさいのがいやなんだよ！」

「あの生徒指導の先生、私のこと何でも疑うからムカツク！」

こうした負の本音は、環境に適応していくために、過剰に働きかけてくる親や「生徒指導体質」の教師の前では見せてはなりません。「素直」という仮面を着けたりして、危険な時間が過ぎるのを待つのです。子どものしつけや教育のことで頭がいっぱいになって心にゆとりをなくしてしまった大人は、子どもがそうやって本心を隠していることに気づくことができません。ましてや、自分が見ているものが「子どもの仮の顔」などと疑うこともないでしょう。

私には、最近の思春期の子どもたちに、重大な異変が蔓延してきているように感じられるのです。以前なら、必要がなくなったときには外していた仮面なのに、いつまでも外さない。親や先生の前だけでなく、友人たちの間でも、そしてひとりでいるときも、常に同じ仮面で生きているという現象です。

このような子どもたちは、着けた仮面がもはや自分の素顔になりかかっているということへの自覚に乏しく、自分自身の本当の気持ちを見失ってしまっています。「おとなしい子」「自己主張しない子」「きまじめな子」「勉強熱心な子」「手のかからない子」と呼ばれる子どもたちに、そのような傾向が強いようです。

こういった子どもたちは、そもそもその仮面がしぶしぶ着けさせられたものであることを忘れてしまっています。大人たちから貼られたレッテルを、自分が着けたものだと勘違いしてしまい、外そうとする心の動きが生じません。


こうして「自分で仮面を剝がせなくなった子どもたち」が、思春期のある瞬間に、あるきっかけが作用して、信じられないような事件を起こす……。それはときに、「よい子」の犯罪であり、自殺の試みであり、いじめ、摂食障害、パニック発作、歪んだ性、バーチャルリアリティへの逃避といった行動として世に認知されることになります。こうした出来事のくり返しに、社会はその都度、大騒ぎさせられるのです。

それでは、子どもたちが本心を封印し、不本意な仮面を剝がさなくなってしまった背景に迫ってみたいと思います。

手首の傷が訴えるもの

子どもが仮面を剝がせず、仮面を着けている自分とのつきあいに慣れてしまうと、気づかないうちに「もうひとりの自分」が勝手に動いてしまうということが起こります。前章で紹介したのは、それを自覚して私に相談に来た子どもたちですが、もうひとりの自分をコントロールできない状態になってしまうと、すでに専門家の援助が必要な段階です。むしろ一般の大人に課せられているのは、想像をはるかに上回るほど多いと考えられる、手前にいるグレーゾーンの子どもたちを見つけ出し、早めに仮面と素顔の違いに気づかせてやることなのです。これが、一番身近にいる親でさえ困難なのは、この子どもたちの心が作られていった原点に「親にはさとられないように」という思いがあるからです。

「少女たちの自傷行為」という〝グレーゾーン〟の問題を取り上げることにしましょう。自傷行為とは、カッターナイフやかみそりの刃で自分の手首や腕に傷をつけるリストカット（手首自傷）やアームカット（腕自傷）のことです。この自虐性は、「母と娘の関係性の象徴」だということが、本書を読まれた母親のみなさんに伝わることを願いたいと思います。言い換えれば、「母子関係の再構築に挑む」ことが、娘たちの心を癒す可能性をもっていることをここでは特に強調したいのです。

自傷行為の経験のある少女たちはどれくらいいるのでしょう。私が七年ほど前に大学生を対象にして調べた結果では、八％近くにのぼっています。実はこれは驚くべき数字でも何でもなく、ほかの研究者が行なった調査でも同程度の数値が得られていますから、およそ十数人に一人の女子大学生が、「これまでに自傷行為の経験がある」ということになります。このこと自体、親にとっては驚きでしょう。

八%という数値を中学校のクラスにあてはめると、平均して一人か二人くらい自傷行為を経験している生徒がいることになります。しかし学校現場でカウンセリングを行なってきた私には、「そんなに少ないだろうか……」という疑問が消せないのです。私が大学生を対象としてアンケート調査（あとでご紹介します）を行なった頃から、「どうもおかしい……」と各地で自傷行為が増えていることが医師や教師の意識にのぼるようになり、二〇〇六年頃からぽつりぽつりと地域ごとの調査が始まりました。そして全国の養護教諭を対象とした大規模な調査が公表され、「女子生徒全員が自傷を経験したクラスがあった」という驚くべき報告もありました。私がスクールカウンセラーとして関わった中学二年生のあるクラスでは、五人の生徒がリストカットをしていたことが判明しました。

さきほど〝グレーゾーン〟といいましたが、これらリストカットに走る子どもたちの多くは、すぐに「命の危険がある」と決めつける必要はありません。「みんなやっているから、私も」と興味本位でやってみて、すぐに飽きてしまう子も少なくないのです。また、「もうひとりの自分」が制御できない時間もごく短いのです。ここで問題に気づくことができれば、回復への道をたどることは十分に可能です。

では、なぜ少女たちは自傷に関心を抱くのでしょう。なぜ流れる血を見ることに快感さえ覚え、腕に傷を刻むことに耽《ふけ》るのでしょう。そんな彼女たちの思いを解く鍵として、ある学校の保健室で起きた「事件」を紹介したいと思います。

保健室は学校で疲れ果てた子どもたちの駆けこみ寺的な存在で、養護教諭には父性ではなく、母性的な対応が求められます。その学校の養護教諭は、「母性的なイメージ」が豊かで、生徒たちの「わがまま」をもある程度受け入れ、話に耳を傾けてくれるようなタイプでした。すると、「教室にいるのが苦しい」と訴えて保健室で休養する生徒が増えていき、しだいに先を争うようにして、先生への甘えがエスカレートしていったのです。

一人の生徒の手首についた傷に気づくと、先生はその生徒のことを特に心配しました。すると驚いたことに、他の生徒にもどんどん手首自傷が伝染していったのです。つまり、自分のことを一番心配してもらいたいといわんばかりに、傷が深くなっていく生徒が増えていったのです。熱心に対応にあたったこの先生は、その後、精神疾患を理由とする病気休職に追いやられました。

そうです。少女たちは、その先生に「理想のお母さん像」を見ていたのです。そして、そんなお母さんに、心配し、気遣ってもらいたかったのです。だから少女たちは、ほかの先生には見せなかった手首の傷を見せたのです。

同じような思いから、私にも傷を見せに来る子、カウンセリングの最中に傷をつけようとする子、写真を添付したメールを送ってくる子がいます。男性の私に母性を見つけ、すがってくるのですね。「わかってほしい」と。

「カッ」となった脳

自傷行為は、怒りが自分に向かった場合の典型です。爆発した怒りが外に向いたとき、傷害事件となることがあります。最近、「よい子」が親や祖父母にけがをさせたり、死亡させたりする事件が増えています。二〇〇六年には奈良県で、全国屈指の進学校といわれる高校に通いながら医師を目指していた男子生徒が、自宅に放火して、義理の母親と妹の三人を死なせてしまいました。「父親のようになりたい」と小学六年生のときの作文に書いたほど、医師である父親を尊敬していたのですが、心の奥では、暴力を用いて勉強を強要した父親への恐怖と憎しみが膨れ上がっていたのです。心が「仮面と本心の二重構造になっている」ことに、誰も気づいていなかったケースです。

怒りが爆発する瞬間。このとき、脳でどんなことが起きているのでしょうか。その現象について、少し説明したいと思います。

ふだんおとなしい子どもが事件を起こしたとき、あとから「ついカッとなって」という弁解をするのをしばしば耳にします。「無我夢中だった」とか、「あまり覚えていない」と言う子もいます。このような内的体験の報告から、その瞬間は、ふだんとは違う心の状態にあったことがうかがえます。脳科学では、人の心、すなわち感情や思考は、脳のはたらき方で説明できると考えます。心が急変するのも、脳のはたらきに異常が生じた結果だというのです。その最中は、程度の差こそあれ、自分の言動を冷静に見つめ、コントロールする能力が損なわれている可能性があると指摘しています。

奈良の高校生の場合は、自宅に放火してから京都に逃げ、逃亡先でふと「サッカーのワールドカップが見たい」と思って民家に忍びこみ、テレビをつけたのでした。社会は事件に大きな衝撃を受けると同時に、少年のこの不可解な行動に首をかしげました。

この少年が放火したときと、「ワールドカップが見たい」とテレビをつけたときでは、脳のはたらき方が大きく違っていた。だから、このような非連続的で整合性のない行動が生じるのです。

「カッ」となったときの脳の解明はかなり進んでいますが、ここではまず、「古い脳と新しい脳のバランス」と単純化してみましょう。古い脳とは、大脳の中央（首のつけねの奥）にある、動物が人間へと進化する前から備えていた部位で、本能や衝動などと密接に関係しています。これに対して新しい脳は、ちょうど眼球の上部に位置する前頭葉の一部で、主に理性をつかさどります。これらは正反対の役割を担い、バランスよくはたらくことが重要です。

「バランスよく」とは、常に両脳が連携しているということです。たとえば、自分の身に危険が及んだとき、ゆっくり考えているよりも、とっさ（本能的）に逃げることが必要です。この指令は古い脳が出しています。反対に、人からいやなことを言われて怒りを覚えても、すぐに怒鳴ったり暴力を振るったりしないよう、その衝動を鎮めなくてはなりません。それを行なうのは新しい脳です。両者のバランスがとれなくなると、片方の脳だけが活発になり、その場にそぐわない「暴走」をしてしまうのです。

「カッ」となるのは、古い脳が、受けとった信号をそのまま怒りとして行動に移したときの状態です。ですから、相手がそのような状態になっているときに諭したとしても、ほとんど効果がありません。幼い頃から恐怖などの強いストレスにさらされていると、この偏りが生じやすいと考えられています。同様に、幼い頃から抑圧的な生活を送ってきた「いい子」も、それまでほとんど出番のなかった古い脳が、何らかの刺激によって爆発的に活性化し、悲劇的な結末をもたらす場合があるのです。

人が考えながら話しているときには、二つの脳は活発に連携しあいます。ですから、「カッ」となった状態の子どもに向かい合うときには、その話にじっくり耳を傾けるだけでも、バランスを回復する効果が期待できるのです。

次に、脳内ホルモンの分泌異常の点からも、少し説明してみましょう。「脳内ホルモン」と書きましたが、正確には脳内神経伝達物質と呼ばれるものです。二百種類近くも発見されているこれらの物質の中で、注目されているのが「セロトニン」です。セロトニンは人間の精神活動に大きく影響し、必要なときに、脳全体にまんべんなく十分な量が分泌されることが必要なのですが、ストレスにさらされ続けると、その分泌が阻害されるといわれています。このセロトニン不足が、うつ状態だけでなく、激しい攻撃性をも引き起こすことが明らかにされつつあるのです。

ここにあげた二つの側面、すなわち「新しい脳と古い脳の連携破綻」と「脳内神経伝達物質の不足」は、対応して生じていると考えるとよいでしょう。「カッ」となるなど特殊な状態にあるときは、その基礎に脳のはたらきがあるのですから、本人の意思だけでは対処不能です。子どもの行動だけを見て追及したり指導したりするのでは、ほとんど何も期待できないと考えてみたほうがよさそうです。

少女が残したブログ

ブログとは、インターネット上で個人が簡単に作成できる、自分専用の日記風掲示板です。こういうものにいち早く興味を示すパソコン好きの男性はもちろん、母親たちの間から下は小学生まで、「自分のブログ」をもつことが流行っています。「私はパソコン苦手だから……」と敬遠している人も、インターネットにつながる環境があって、やってみようという気持ちさえあれば、本当に簡単にできるのです。最近は、「ツイッター(twitter)」という、さらに簡易なブログができて、手軽さが受けて全世界で流行しています。

私は最近、不幸な事態に巻きこまれた人びとが作っていたブログの内容をよく調査します。ブログに何を書くかは基本的に自由であり、その人の思いがいっぱい詰まっています。そして表現の媒体という性格もあるので、読者を意識して表現を選ぶこともできます。わざと、本当の自分と違った人格を書き手として設定することもできるわけです。ここには、外見上仮面をかぶった子どもの、大人にはわからない本当の内面が記されていることが多いのです。そこで、ブログに書かれた内容の心理的解明を進め、同じようなことが起きないように生かそうと考えているのです。

個人が作るブログとはスケールの違う、巨大掲示板集合体サイトの「2ちゃんねる」はご存じでしょう。ここでは誰もが「スレッド」と呼ばれる特定テーマの掲示板を立てることができ、いろいろな意見交換（誹謗中傷も多い）がなされているのですが、ここへの書き込みが人の心に刺激を与え、心の闇を増幅させてしまうという現象も起きています。たとえば二〇〇〇年五月三日には、前出の十七歳の少年が、「2ちゃんねる」でのトラブルが引き金となって、「ヒヒヒヒヒ」の書き込みを残して、バスジャック事件を起こしました。「ヒヒヒヒヒ」の五文字には、心の奥から突き上げてくる衝動をコントロールできずにいた状況が垣間見えます。その後、彼のパソコンには「自分の中の別の自分が人を殺せと言っている。助けてくれ」との書き込みも残されていることがわかりました。

二〇〇四年六月一日には、小学六年生の女児が学校内で親友を殺害するという痛ましい事件が起きました。小学生、それも女の子が、刃物で……というギャップは、日本中の人びとを深い悲しみに包みこみ、子どもの心に何が起きているのかと驚愕させました。こうした悲劇は、教訓として生かさなければ、加害児（家族）・被害児（遺族）のどちらもうかばれません。

ここではこの事件を起こした女の子を「愛ちゃん」と書くことにしましょう。小学生の愛ちゃんもブログを作り、事件の前日までそこへの書き込みを行なっていました。それを丹念に見ていくと、彼女の心に生じた明らかな異変と、「ヘルプ・ミー」のメッセージが出されていたことがかなり読み解けるのです。その告白がブログという仮想世界ではなく、現実の「わかる人」に向けられていたら……と、悔やんでも悔やみ切れません。

ブログの日記を時系列的に追うと、心の大きな変化が二度起きていることが視覚的にわかります。ネット上では、自分の名前を自由につけることができます。その名前のことをハンドル・ネームといいます。同様に自分の全身像を、用意されたアイテムを組み合わせながら自由に描くオプションが設定されていることがあり、「アバター」と呼ばれるもので、それがネット上の人格として受けとられます。

愛ちゃんの日記につけられたアバターは、五年生の終わり頃の二月下旬と、六年生のはじめのゴールデンウィーク中にがらりと変わり、一度変わったあとはもう元に戻ることはありませんでした。

最初のアバターは、小学生らしい黒髪の少女でした。次に、髪はシルバーに変わり、子どもらしさが影を潜めます。最後に、アバターの顔はもはや人間ではなく、ハロウィンのかぼちゃになるのです。「女の子」→「大人っぽい女性」→「非人間」という変化です。

変化前後の日記の内容から、彼女の当時の心境がうかがえます。「女の子」のときは、クラブ活動でやっていたバスケットボールの話題がよく出てきます。しかし「シルバー」に変わってから、「詩@許せない」と題して「親なんていないほうがいい」などと、他人への痛烈な批判が見られます。ゴールデンウィークに入る前日の四月三十日には、「明日から変わっちゃうかも」と書かれていて、あたかも、間もなく自分の身に降りかかる激変を予兆しているかのような記述が見られ、ついに五月三日、本当にアバターが「非人間化」してしまいました。この、アバターがかぼちゃになった日の日記のタイトルは「記憶たどり」で、当日の記憶が途中から欠落していることが書かれているのです。

変化をもたらした事情は本書ではあえて触れないことにしますが、二段階の劇的な変化、

5年生、2月15日以前

5年生、2月18日以降

6年生、5月3日以降

図4　少女のブログに残された「アバター」の変化

つまり三つの心理状態の意味するところを少し考察することにしましょう。

アバターの「女の子」は、期待に応えてがんばる元気な女児です。「大人っぽい女性」は、それまで深層に潜めてきた、不満や怒りに満ちた心が活性化し、しばしば頭をもたげるようになった状態でしょう。アバターを大人っぽい女性に変えたことで、愛ちゃん自身の自己像が変質しはじめていることが読みとれます。「かぼちゃ」は、その負の感情が、がんばる子（理性）を乗っとってしまった状態です。そして、彼女はそのままの状態で事件の日を迎えました。事件前日の日記には「うぜークラス」のタイトルがつけられ、クラスの人たちをさまざまに侮蔑する言葉が並べられていました。

愛ちゃんは、「よい子」と「悪い子」の二つの心をもち、五年生の頃まで「よい子」を生きてきましたが、六年生のはじめに「悪い子」に転じてしまい、成績が下がり、誰にも気づかれず、誰からも救われないまま、その日を迎えてしまったのです。

「自慢の生徒」が発した心の叫び

次に、ある県の名門高校で優秀な生徒として知られていた三年生の男子生徒、優くんのブログから、「もう一人の自分」が巻き起こした悲劇を紹介したいと思います。優くんは、この高校のホームページを開くと、顔写真とともに名前が大きく紹介されているような学校の「自慢の生徒」の一人でした。彼は写真撮影の分野で才能を発揮し、県で最優秀賞を受けていたのです。

彼の作品は、動物や静物、風景などのアイテムをさまざまなアングルからとらえた組み写真になっています。特徴的なのは、同一の被写体が基本的にカラー、右側がモノクロの対になっている作品がたくさんあるところです。また、動物写真に表情がまったく表現されていないのも特筆すべきところです。

私は優くんの表現から、現実界のカラー世界と、心の深層にあって見えないモノクロの世界という対立の構図、すなわち前者が「光＝よい子」で後者が「影＝悪い子」という二重性を読みとりました。この解釈が正しいことは、彼の記したブログの見出しにストレートに示されています。ブログを書きはじめたのは高校二年生のとき。終了は、彼が三年生になった六月二十九日、授業中に教室で友人を刃物で刺す前日です。優秀だった彼は、殺人未遂事件を起こして逮捕されることで、その〝輝かしい人生〟に幕を引いたのでした。

彼のブログのはじめには、英語で次のように「趣旨」が書かれ、彼の手で日本語訳もつけられていました。

If this site make you happy, it is happy for me.
このサイトがあなたへ感動や幸せを少しでも与えることができたら、それは私にとっても幸せです。

事件を起こす前日には、次のような調子の強い「警告」になっていて、もはや訳はついていません。〈 〉内は、私の訳です。

Think and doubt all.
If you want to know it.
〈すべてを疑って考えよ。もしそれを知りたいのなら〉

優くんは、ブログを始めた頃は、「人に幸せになってもらうこと」を願っていました。しかし次第に、大人の期待に応えて育つ優秀な子ども（自分）の心が光と影の二重構造を成していることを、感じとっていったようです。そして影が暴走を始める前に、ブログにメッセージを残したのだと私は考えます。目に見える功績などの「光」に惑わされることなく、その「光」こそ疑ってみないと真実を知ることはできない、と。自らの影の暴走が止まらなくなったと察した彼にとって、これを残すのが精いっぱいだったのではないでしょうか。ブログではこのタイトルに続いて、廃嘘と化した人間世界を「死」になぞらえて痛烈に批判しています。

同じように、ブログのメッセージに心の叫びを託して事件への一線を踏み越えていった女子高校生のことが、痛々しく思い起こされます。彼女のことを聖子さんと記すことにします。聖子さんは化学の知識に秀で、それは高校の化学担当教員をはるかにしのぐほどで、おとなしくて目立たない、まじめな生徒でした。彼女は自身のブログに多くの詩を載せていたのですが、その中で私の目を引いたのは、二〇〇五年七月十一日に書かれた「薇（ぜんまい）仕掛けの人形師」というものです。

薇仕掛けの人形師

君と一緒になれて本当に良かった。
僕等は何時までも一緒だよね。

大好きだよ。僕はずっと君の望む様にしてあげる、君を守っていてあげるよ。
僕は君の保護者だもの、君が作り出した人格が僕。
役目を果たすよ。僕は君の為に、幾等でも尽くす。

僕は君の兵隊、僕は君の玩具、僕は君の所有者、僕は君の幻想、
君は僕の恋人、君は僕の理想、君は僕の安らぎ、君は僕の場所、
君は僕であり、僕は君であり、其れでいて互いに違う存在であり、
互いに求め合い、互いに慰め合い、互いに他を必要として生きている。

片方が相手を作り、もう片方も相手を作る。
薇仕掛けの人形師の様に、必要とし必要とされる仲でありながら、
一つの体しか僕等は与えられなかった。
今居る僕と隠れた君、
二人で居られる場所は夢の中だけなのか。

このブログでは、聖子さんは自分のことを「僕」と呼び、性を偽っています。私はこの

点について、自分自身を受け入れられず、もうひとつの心を作り上げる際に別の人格を与えたものと考察しています。詩（日記）の中で、「僕は君の保護者だもの、君が作り出した人格が僕」と定義づけていますね。さらに「役目を果たすよ。僕は君の為に、幾等《いくら》でも尽くす」とも宣言しています。恐らく「僕」は彼女の抑圧された願望を仮想世界で満たす存在なのでしょう。それが現実にまで湧出してしまったところは、「薇仕掛けの人形師」というタイトルから推察できます。

人形師とは聖子さんが作り上げた「僕」。「僕」が彼女という人形を操っているのです。その操る主体である人形師も、実は薇仕掛けで動かされているという二段階のコントロールがはたらいていたのです。

本人にはどうしようもない強い支配力が、過敏な思春期以降の子どもたちを広く襲いはじめているのかもしれません。その支配の主は、子どもたちに過剰で執拗な期待を浴びせ続ける大人社会にほかなりません。

第4章 ＊ 子どもも、家族の機能を果たしている

「笑わせ役」から「優等生」へ

本書では、私が実際に相談室などで関わった思春期とその前後の子どもたちのことを主に取り上げています。どうしてその「問題」は生じたのか、そして親子はどのように「解決」への糸口を見つけ出していったのか。紹介するケースの中には、自分の家族とは関係のない「特殊なもの」と感じられるものもあるでしょう。しかし、それらがどの家庭にも無縁のこととして片付けられない時代になっていることを、ぜひとも心に留めていただきたいと思うのです。

この章では、子どもが多様な環境で育つ過程において、知らないうちに身につけていく

個性について、いくつかのタイプに整理して考えてみましょう。読者の方々もおそらく、「うちの子はどうしてあんなことをするのだろう」と戸惑うことから始まって、子どもの心への新しいまなざしが必要だと感じているものと想像します。そうです。その「あんなこと」にはちゃんとした理由があり、それも、家族の中で必要とされる「役割」を果たした結果だと考えるのが正しいのです。

ここでいう「役割」とは、家族全体が、一見するとそれなりに安定していたとしても、実は大きな歪みをはらんでいて、真の問題から親たちの目を逸《そ》らさせるために子どもが担う態度のことを指します。この態度の典型例が、これからご紹介するそれぞれの「タイプ」となるわけです。

最初に、一人のまじめな少年に襲いかかった悲劇を紹介します。

ある日の面接室……。私の前には目を赤く腫らせ、すっかり疲れ果てた様子で並ぶ夫婦の姿がありました。二人は、「息子にどう接したらいいかわからない」という理由で、相談に訪れていました。現在、息子の翔太くんは十八歳。ある「事件」を起こして少年刑務所にいるということでした。両親はそろって「親の責任です」と言います。せめてもの償いにと、月一回に制限されている面会で、数年後に社会に出てくる息子にとってためになるような言葉をかけてやりたいと真剣に考えていたのでした（現在は、法改正によって家族の面会制限は月二回までに緩和されています）。

事件が起こるまで、この両親は長男翔太くんと父方の祖父の四人で住んでいました。祖父が医院を開業し、両親もそこで医師として勤務し、傍からは教育的ですばらしい家族に映っていたのです。ところが、翔太くんが高校生を終えようとする間際に、祖父に対して殴る蹴るの暴行を加え、殺してしまったのでした。父親にとって、自分の親と子どもが殺人事件の被害者と加害者になるという、なんとも感情のやり場がない、極限の状況に突き落とされてしまったわけです。

起きてしまったことは取り返しがつきません。私は相談内容、つまり今後の親子の再生を模索するために、事件が起こるまでの翔太くんの性格や行動について詳しく聞くことにしました。

翔太くんはずっと「手のかからない子」だったということです。しかし小学五年を境にして、その質は大きく変わっていたのでした。四年生の終わりまで、勉強はほとんどやらず成績も芳しくなかったのですが、明るい性格で、面白いことを言ったりやったりして人を笑わせる「おどけ者」でした。五年生に進級したとたん、急に勉強にやる気を出し、人を笑わせようとする言動が減る一方、成績がぐんぐん伸びて「優等生」になったのです。

役割論を用いれば、翔太くんは小四までは「クラン（道化役）」、小五から一転、「ヒーロー（優等生）」の役割を担ってきたことになります。

クランは、張り詰め冷え切った雰囲気の家庭に、笑いと和みをもたらすことができます。夫婦が不仲など、張りつめた家庭で育った子どもにしばしば見られます。このような子どもはたいてい学校でも笑わせ役で、自らおっちょこちょいなふるまいをくり返したりしますが、「ドジ」と言われていじめの対象になってしまうこともあります。いじめられてもニコニコ笑ってドジをやるので、周囲は、本人は堪《こた》えていない、と錯覚しがちです。教師は、このタイプの子どもに早く気づき、心の支援に当たらなくてはなりません。

ヒーローの場合はよりやっかいです。大人たちはその子どものがんばりや成果に目を奪われ、応援することにがむしゃらになり、真の問題からますます目を逸らしていきます。ですから、かりそめの安定はいっそうしっかりしたものになりがちです。「成績がよいので育ちがいい」という社会的ステレオタイプも、これを後押しします。このようにして家族の「かたち」を守ることができると、ヒーローの子どもは「自分のがんばりが親を喜ばせる」ことを覚え、成績の向上が次の動機づけにもなって、ますます勉強に精を出すという悪循環に取りこまれてしまいます。

翔太くんは、ヒーローの役割を引き受けながら有名進学高校に入り、両親は息子の勉強のことで一息つきました。しかししばらくして翔太くんは、自分が人からどう見られているかが不安になり（＝社会不安恐怖）、学校へ行けない状態になりました。

そして事件の夜、ふだんは無口な祖父が、「学校ぐらい行け」と彼をたしなめたのです。この一言は、彼がギリギリのゾーンで維持していたヒーロー役を破綻させるには十分でした。それまで抑えられてきた怒りが、一気に祖父を襲ったのです。

子どもの願いと解離家族

手のかからないよい子として育った少年が、有名進学高校に入って、祖父の一言にカッとなって殺害してしまった……。翔太くんの心に何が生じたのでしょう。その答えは事件直前の祖父との衝突だけにあるのではありません。小学四年生まではクラン、五年生からはヒーローを演じなくてはならなかった、彼の育ちのすべてが関わっていると考えるべきなのです。

これら二つの姿は、大人を困らせるものではないという共通点が重要です。いずれも家族の和を保とうとする、子どもの積極的なはたらきかけの結果なのです。「手のかかる子」という本来の子どもらしさを放棄して、いい子の道を選択しなくてはならなかった事情があり、それがカウンセリングによって光を当てるべき根源部分になるものだと、私は両親のカウンセリングで感じていました。

両親との面接中、私はどこか違和感を覚えたのでした。交互に発せられる二人の言葉なのですが、補い合うようなものでなく、論点がずれ、かみ合わないのです。互いに相手にあいづちを打つこともないし、何よりまったく顔を見合わせません。こういった無意識的なふるまいは、問題の核心を隠喩している（サインを送っている）ことが多いものです。

そこで私は「ご夫婦で、顔を見合わせていただけますか？」と頼んでみました。すると「は？　はあ」と戸惑いながらも、一瞬見合わせてはもらえたのですが、そこに気持ちの交換が起きている様子はまったくうかがえませんでした。照れ笑いくらいあってもよさそうなのに……。

次に、「では、今度は顔を見合わせて笑ってもらえますか？」と頼みました。しかしそれがどうしてもできないのでした。「むずかしい」と父親はこぼします。母親はうつむいてしまいました。こうして、この「医師の家族」という容れ物の中で、人と人との気持ちの交換という大切な営みが欠落していることが明らかになっていったのです。

このような家族のことを、「解離家族」と呼ぶことができます。心の接触を拒みながら、各々が果たすべき日々の営みを淡々と進めていく家族です。

カウンセリングの話題は、なぜ、そうなっていったのか、具体的なエピソードへと深まっていきました。祖母の生前、翔太くんの祖父母はいつもいがみ合い、怒鳴り合う毎日だったこと。祖父は機嫌が悪くなるとおよそ二ヵ月間、一言も口を利かないという態度をしばしばとっていたこと。そして、翔太くんの両親も、本音の気持ちを押し殺した「しかめっ面」でいることが、この家では当たり前の人間関係になっていたのです。

しかし、しばらくたってから、母親が思い立ったように「夫の両親と生活するのがいやでしかたありませんでした」と告白しました。妻の発した言葉に多少面食らったかのような表情で、夫は妻の顔を覗きこみました。

「翔太くんは、両親が互いに笑って見つめ合う顔を見たいのだと思いますよ」と、私はゆっくり伝えました。二人とも、軽いうなずきをくり返しました。夫も「私を育てた両親ですが、考えてみればとても陰湿で、いやです」と言いました。妻の表情は自然に和らいできました。「いやだという自分の素直な気持ちは、いまは隠す必要なんてないですよね」と念を押すと、夫婦はどこか吹っ切れたかのように、穏やかな表情で顔を見合わせたのでした。「そう！　その顔で息子さんの面会にいきましょう」。面会の目標は、うれしそうに一緒にいる両親の姿を見せること、にまとまりました。

事件が起きる前、翔太くんはさかんに「人に会ったら何を言えばいい？」と確認を求めてきていたそうです。クランとヒーローという、「他人に和をもたらす仮面」でしか人と接触することを学んでこなかった彼は、どうしたら人と心を通わせるか、そのやり方がわからなかったのでしょう。家族が心を通わせることを忘れてしまった両親に、そのことを教えたかったのでしょう。

こうして翔太くんの両親は、〝親子が新しく出会いなおす〟という強い意欲をもって、少年刑務所に足を運ぶようになったのでした。

「存在感の薄い子」と「大人びた子」

これまで、私が出会いと対話を重ねてきた、数え切れないほど多くの思春期の子どもたちがいます。どの子どものことも忘れることができません。それだけ皆、個性的なのです。思いをめぐらせると、次々と彼（彼女）らの顔や、断片的な言葉が浮かんできます。その中でも鮮明に覚えているのが、次に紹介する中学三年生の春花さんで、その痛々しさがいまでも私の胸を締めつけるかのようによみがえってくるのです。

春花さんとの出会いも、やはり学校の先生からの依頼でした。「身なりが不潔。ちゃんと育てられているのか不安」「学校で何もしゃべらない」というのが、事前に受けた説明でした。

会ってみると春花さんはテーブルを挟んだ向こう側の椅子に、うつむき加減でじっと座っていました。私のあいさつには、もちろん応えません。身なりは先生の言うとおりでした。髪の毛は何日も洗っていないようで、べたべた、ぼさぼさしていて、フケも付いています。白いブラウスと紺色スカートの汚れもひどく、それらは誰が見ても異様に映るほどでした。学校の調査では、知能は標準レベルだということなので、身なりをきちんと整えることはできるはずです。春花さんの心にいったい何が生じていたのでしょう。

私が時間をかけて、ゆったり、穏やかに声をかけていると、しばらくして春花さんは急に顔を上げ、私の顔を見ました。そしてはっきりとした言葉で話しだしたのです。

家でも、春花さんは何も話をしませんでした。話をする相手がいなかったのです。何年も前から父親の事業が不調で、両親の言い争いも絶えなかったと言います。一人っ子の彼女は、小さな家の中で、何も聞こえないような心の状態を自らつくり出し、時間が過ぎるのをただ待つだけの日々を過ごすようになっていました。こうして「聞かない」→「言わない」→「何もしない」→「いないも同然」というような「存在方法」が定着していったのだと考えられます。

両親は自分たちのことで精いっぱいで、関心はほとんど子どもに注がれず、物理的には一緒にいても、まるで「いない子」のような扱われ方をしていたのでした。幼い頃は両親の争いが始まると泣いたり止めに入ったりした春花さんでしたが、父親から「邪魔だ！」と怒鳴られ、母親からも、うっとうしい目で見られるのを感じて、止めるのをあきらめていったのでした。この「あきらめ」が、他の人との関係にまで広がり、いっさいの関わりを遮断して、ただ存在しているだけのような生き方が身についたのでした。

春花さんの場合とは反対に、両親の争いを察知すると「出番だ！」とばかりにがぜん張り切り、大人役を買って出る子どもがいます。そのうちのひとつは、うまく仲裁に入り、それなりに場を収める力が発揮できる「調整役」です。こういう子どもは、基本的に話を聴くことが上手で、聴いたあと「お父さんは○○なんだね。それでお母さんは◎◎と考えているんだね」などと、双方の訴えを整理することまでこなしたりもします。「じゃあ、こうすればいいんじゃない？」とか、「やっぱりお父さんのここがおかしいみたいだね」などと、助言めいたこともほのめかして、争いを終わらせるのが巧みです。親によっては、無意識に子どもの「介入」を期待してしまうこともあるほどです。

もうひとつの大人役は、争いのあとに負けたほう、たいていは泣き崩れる母親のほうに寄り添い、「お母さん、大丈夫？」「お母さんの味方だよ」などと言って慰める「カウンセラー役」です。子どもからそんな優しい言葉をかけられ、「ありがとうね。あなたがいるからお母さんもがんばれるわ」などと言われて、子どもはそのままの変わらない家族の中で同じことをくり返す意欲を抱くのです。これは、親が、子どもに対して暗に「カウンセラー役」を続けるように圧力をかけているのと同じです。

これら二つに共通するのは、「子どもなのに、子どもとしてふるまえない」という点です。そのような子どもたちは、頭の回転がいい子とか、人の気持ちがわかる優しい子だと評価が高く、親からは問題性が見えませんから、まさに助け舟です。ですが、そんな子どもの心の中は大変な事態になっているのです。子ども時代にしか許されない未熟な「子ども」としての感情体験が置き去りにされ、甘え、悲しみ、怒りなどの負の感情がしこりとして残ってしまいます。

こうして「子ども」を生きることを忘れて成長すると、大人になってから生きづらさにさいなまれる、いわゆる「アダルト・チルドレン」の仲間入りをすることになるでしょう。

ちなみに、「アダルト・チルドレン」は正式な診断名ではありません。子どもらしく生きることを剝奪されたことが原因で、苦しい生を余儀なくされている大人たちの総称です。後述するように、そのとらえ方にはさまざまな議論がありますが、私は、目安として自分で「私はアダルト・チルドレンなんだ」と腑に落ちれば、それでよいと思っています。いまの苦しみに対して「自分が悪いから」と誤って思いこむことに歯止めがかけられれば、それだけでも心が軽くなるからです。そうして、はじめて新しい目標が生まれることが期待できるからです。

思春期の入り口あたりを生きているお子さんがいる家庭では、その子に時期尚早の「大人」をやらせることがないよう、配慮できるといいですね。

夫婦げんかを見て育つ子ども

ふつうの夫婦げんか程度でも、子どもに好ましくない影響が及ぶのでしょうか。この問題を考える前に、「夫婦げんか」とは何かを確認しておくことが必要です。というのも、同じ夫婦間のやりとりを見ても、ある人は「ひどいけんかだ」ととらえ、別の人は「ふつうの会話」のつもりでいたりするなど、感じ方にはとても大きな違いがあるのです。

「学校で他人への暴言がひどい」として、中学一年生の千里くんについて、学校から相談を受けました。保護者にも伝えたのですが、深刻に受けとっていない様子だとのことでした。そこで私は最初から、本人ではなく千里くんの両親に会うことを提案したのです。

すぐに両親がそろって学校を訪れました。しばらく事情を聴いたあと、夫婦の会話に疑問を抱き、二人の関係についてたずねたときのことです。二人ともニコニコ顔を見合わせて、「すごく仲がいいんです」と口裏を合わせたかのように答えたのでした。「友だちみたいに、何でも遠慮なくしゃべってます」とも。

その説明が腑に落ちなかった私は、夫婦関係の実態に迫るために、さらに具体的にやりとりの例を聞かせてほしいと頼んだのです。

「たとえば、ご主人が仕事から帰ってきたときは、誰がどのように話すのですか?」

すると、妻は脱ぎ捨てられ散乱した夫の靴を見て「いつになったらちゃんとそろえられるんか!」と指摘するというのです。言われた夫はそれに対抗して「何言ってるんだ。お前のほうがだらしないじゃないか!」と反論し、しばらくお互いの問題点をあげつらうやりとりが続いたのです。それらの口調はかなりきついと、私には感じられました。

「それは仲がいい例ですか?」と念を押すと、「はい。思ったことをポンポンと言い合える仲です」と、二人はためらう様子もなく答え、激しい口調でなじり合う関係を本当に「けんかのない仲良し夫婦」と思いこんでいるようでした。

おそらく、このような会話が当たり前のようにくり返されれば、同じ言語空間の中にいる——というより、その言語空間にどっぷりと漬かった千里くんも、それを当たり前の会話として心に焼き付けてしまい、学校で他の生徒に接するときも、ついつい相手を詰問する言い方になり、暴言となっていたものと考えられます。

夫婦という「親しく大切な間柄」で交わされる会話は、子どもに与える影響がとくに大きいものです。暴言が日々くり返されると、それが親しい人への接し方なのだ、との誤った信念を作り上げてしまいます。当然、千里くんには友だちをいじめているという認識はなかったのです。

では、どんなコミュニケーションが親しい夫婦のもので、どんなものが「夫婦げんか」なのでしょうか。夫婦げんかの定義については、私は以下の特徴によって見分けるのが望ましいと考えています。

①相手の考え方や行為を否定し、自分の主張を一方的に通そうとする。
②上記目的のために、暴力や暴言などの力を利用する。
③怒りや悲しみなど負の感情が先立って、冷静な状態でいられない。
④衝突が生じた結果、勝ち負けが明らかなかたちで収拾がつくか、決裂して終わる。

千里くんの両親、つまり「自称仲良し夫婦」は、表面的に③④は顕著ではありませんが、①と②の条件は十分に満たしています。とくに①の特徴は、「自分は正しい」との思い込

図5　夫婦げんかの多少と子どもの性格（エゴグラムによる）

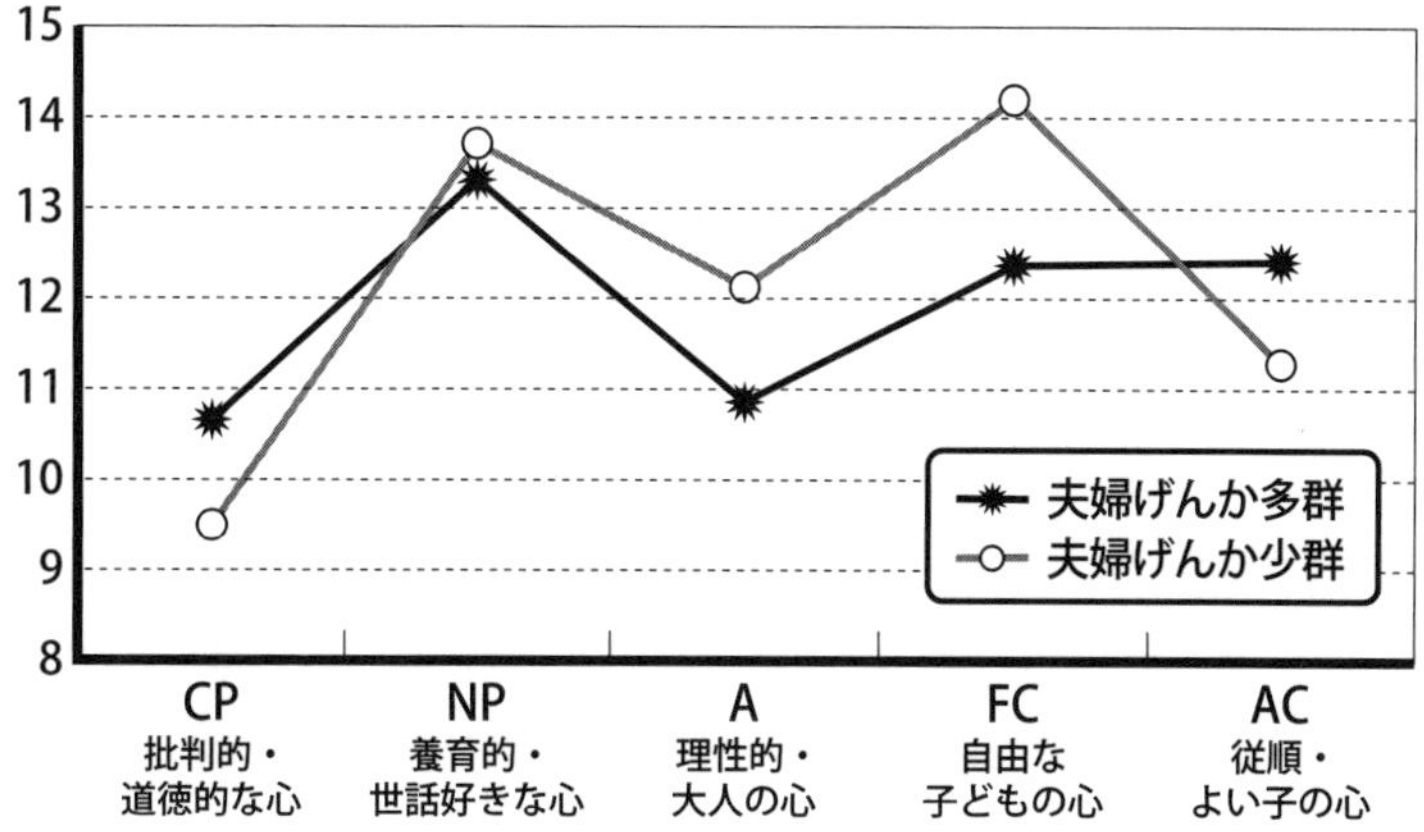

＊注）女子大学生143名への調査結果。夫婦げんか多群は、夫婦げんか少群に比べて、CPとACが高く、AとFCが低くなる。

みから発せられるもので、相手に不当な要求をぶつけ「コントロールの応酬」に陥っているのです。そのことに当人は気づくことができません。

何年か前に、大学生を対象にして、子ども時代の両親の夫婦げんかに関わる複数の質問をしたことがあります。その結果から、家庭環境を「夫婦げんか多群」と「夫婦げんか少群」に分け、現在の性格の違いを、エゴグラムという簡単な心理検査を用いて調べ、図に表しました（図5）。

結果を要約すると、夫婦げんかを見て育った子どもは、「自分や他人に批判的で厳しい」（CP得点が高い）、「冷静に判断することが苦手」（A得点が低い）、「自由にのびのびとふるまえない」（FC得点が低い）、「人に合わせようとしてしまう」（AC得点が高い）傾向があるのです。つまり、親の夫婦げんかが足かせになって、つらく、息苦しい生き方を余儀なくされる危険性が高まるとまとめられそうです。

親から子へのバトン

この「夫婦げんかを見て育った子ども」について、別の視点からもう少し考えてみましょう。

そういう子どもは、CPが高くなることから、「こうでなくてはならない」という個人的な強い基準を作り上げ、それを自分だけでなく、相手にも遵守するよう求める傾向が生まれます。こうして相手を自分の思いどおりに動かしたい、動かなければ非難するという行動が起こりやすくなります。ここにAの低さが加わり、自分の基準自体を冷静に吟味することができず、相手に指摘するときに衝動的にぶつけてしまう傾向があります。ACの高さから、自分の考えを貫こうとする表面とは裏腹に、相手の力の強さや自分の不利益に敏感で、迎合しやすい傾向も持ち合わせていることがうかがえそうです。FCの低さに、常に誰かの目を気にして、のんびり、のびのび、自由、気さくにといった生き方、感情表現に抑制がかかることが表れています。

これらを総合すると、このような子どもが成長して、いずれ結婚したときに、親と同様に夫婦げんかが生じやすい性格が形成されているといえそうです。つまり、夫婦げんかを見て育った子どもは、現在の問題だけでなく、大人になってからも夫婦げんかを再現しやすいという、将来の危険性にまで配慮しなくてはならないということなのです。

家族の人間関係が親から子へと伝えられる現象を、「世代連鎖」という場合があります。両親の関係に歪みがあると、その子どもが将来築く家族にもそれが受け継がれてしまうということですが、この世代連鎖性がわかりやすく表れるのが、何といっても、親の子どもへの接し方になるでしょう。子どものとき「あんな親にはなりたくない！」と強く決意したとしても、いざ子育てを始めてみると、気がついたら同じことをしていたという嘆きをよく耳にします。少なくとも身近な人間関係では、「反面教師」とするのは相当に困難なことのようです。

たとえば暴力的子育てを取り上げて、親から子どもへ伝えられる程度がどれほどのものか、私が行なった調査の結果で説明してみましょう。多少専門的な内容になりますので、結果のみを理解していただければ十分です。この調査が独特なのは、親子二世代にわたって育てられ方を別々に調査し、あとでその二世代のコミュニケーションスタイルを照合させて、類似しているかどうかを判定した点です。このような調査はこれまであまり行なわれてきませんでした。

少し詳しく調査の手続きを説明します。大学生（男子三〇七人、女子五六〇人）に、調査セットを入れた大きな封筒を配布します。その中には、大学生本人が子ども時代（中学生頃まで）を振り返り、両親それぞれからどのようなしつけを受けたかをたずねる質問票があります。質問の中には虐待に関するものが四十五項目（身体的一三、心理的一六、ネグレクト七、性的九）も含まれており、各項目に該当するかどうかを自分で答え、小封筒に入れて私のもとへ郵送します。また同時に、調査セットの中には、「お父さんへ」「お母さんへ」と記した小封筒が入っており、大学生に自分の両親（父母ともに九三七人）に渡してもらいます。両親は、その中に入っている大学生用と同じ質問票に回答し、別々に封筒を密封して私のもとに返送してもらいます。すべて匿名で実施しましたので名前はわかりませんが、大学生・父親・母親の三セットの質問票にはコード番号が記されており、回収されたものはこの番号によって、大学生とその父親・母親の組み合わせを識別することができる、つまり親子関係はわかるのです。

集計に用いた有効データは、結果的に三セットがそろった二二一組分（男子七二人、女子一四九人）でした。有効なデータは、調査票の得点から、種別や程度を問わず、なんらかの虐待があるとみなせるしつけの判定を行ないました。これを「虐待傾向群」として、大学生、両親の性別を考慮しながら、世代間での判定が一致するかどうかをみたのです。

全体的に、上の世代が虐待傾向群とされた場合、次の世代も虐待傾向群となる割合は、虐待なし群よりもおおむね三〇％高くなりました。これは過去に実施した私の調査結果と、ほぼ同じ数値です。さらに明らかになった興味深い事実は、男親からの連鎖は男子には明らか（五五％）ですが、女子にはほとんど影響がない（二八％）ということ、これに対して女親からのそれは、男子・女子を問わず、顕著に表れていた（ともに六〇％弱）という点です。このようにして、カウンセラーや医師の間で観察されていた世代連鎖の性差を統計的にとらえた調査は、過去に例を見ないものでしょう。

女子はなぜか母親の影響を強く受け、育った家族で身につけた「女親としての役割」を人生後期まで引きずる傾向が強いことが、統計的に裏づけられたといえるでしょう。さらに、そのことへの気づきが伴い、何とかして断ち切ろうとする意欲が高いのも、女子の特徴だと感じます。勇気を振り絞ってカウンセラーの門を叩くのが圧倒的に女子に多いことによって、それが間接的に示されます。

一方で男性は、両親からの影響を強く受けたままで、自分の「男親としての役割」を意識することが少なく、「自分は関係ない」と理由づけをして、自分の家族を直視しない傾向にあるのは、カウンセリングをしていてつかめる傾向です。

三世代葛藤と子ども

家族の中でのある役割を、「嫁」という表現で誇張して用いる場合、それ自体が「家族の役割」をめぐる軋轢《あつれき》を生んでいる可能性に目配りをしなくてはなりません。

時代は移り、それとともに「嫁」のとらえ方にも急激な変化が進んでいます。世代間ですれ違いが生じるのは不自然なことではありません。問題となるのは、考え方のギャップが大きい、「家」と「家」が衝突する場合ではないでしょうか。たとえば、古い「嫁意識」をもつ家に、新しい男女平等意識の強い環境で育った女性が嫁いだ場合に起こる軋轢が考えられます。

子どもの心の成長を考える上で重要なのは、「家」にとっては「嫁」であっても、「子ども」にとっては「母親」であることに変わりはないということです。世代間で嫁への価値観の違いがあったとしても、子どもがSOSを発している以上は、どの世代も子どもの心へのまなざしを向ける上では連携しなくてはなりません。しかし、ギャップから派生するいざこざが子どもに悪影響を及ぼしていることに気づくまでに、たくさんの心理的ハードルがあります。

小学校の娘二人が次々と不登校になり、母親としての自信をすっかり失った状態で私のもとを訪れた美枝子さんがいました。事情を一通り聴いたあと、家族の中で嫁の役割に対する意識の大きな違いが背景にあることがわかりました。

美枝子さんの夫は、心理的にはまだ親に依存していて、夫婦のあり方や子どものしつけ・教育に関しても主体的に判断ができません。結果的に子どものことは妻に任せることになるのですが、「嫁に迎えた」という意識が強く、大変だったら同居していた両親に頼ればいいと軽く考えていました。反対に美枝子さんは、核家族の長女として育ち、遠方に住む祖父母と接するのは、学校が長期休みに入ったときなどに限られていて、「遠くにいる優しいおじいちゃん、おばあちゃんのところに遊びに行きたい」というような思いを抱きながら育ったということです。

ところが結婚後、美枝子さんのそのイメージは打ち砕かれました。同居していた義父母から、子育てや家事のことについて、頼む前からあれやこれやと「過剰な助言」が入ってきたわけです。自分のやり方と義父母の助言の内容がかなり違っていたので、よけいに戸惑ってしまいます。家事についてはは合わせようと努めましたが、子どものしつけの面では困難でした。子どものちょっとしたことを、重箱の隅をつつくように取り上げ、「美枝子さんがいけないからよ」「あなた、〇〇を直さないとね」と、義母から諭されます。母親としてのイライラはどうしても子どもに悟られます。そのためか、娘にも登校しぶりの兆しが見えはじめました。

夫に強く訴えて、同じ敷地内に別棟を建て、寝食を別にして四人家族で生活することになりました。これで悩みも解消かと思ったのもつかの間、もっと悲惨な方向へと事態は進んでいったのでした。娘たちが、義父母の住む母屋のほうに頻繁に行くようになったのです。あとでわかったことですが、義母が「お母さんがおばあちゃんに会わせないようにしている」「お母さんはいつも子どものことを怒っている」などと、美枝子さんの悪口を言いながら、おやつや小遣いを与えていたのでした。

美枝子さんは娘たちに、「勝手におばあちゃんの家に行ってはダメ」というルールを作って言い聞かせたのですが、小学三年生の下の娘はすっかりおばあちゃん子になっていて、生活の場を母屋に移してしまいました。上の小学五年生の娘は両親の家で暮らし、こうして姉妹は引き裂かれ、それぞれ別の家族の一員のような構図ができてしまったのです。すでにこのとき、二人の子どもたちとも完全に学校に行かないようになっていました。「役割論」からみれば、娘二人がそれぞれの側につくことで、両陣営に「引き分け」をもたらし、抗争がエスカレートしない方法を選択したとも解読することができます。

カウンセリングでは、美枝子さんだけでなく、のちに夫や義母にも個別に来てもらいました。夫には妻への精神的サポートの必要性を理解し、義母には「少し距離を置いた位置から見守る、子どもたちにとって大好きなおばあちゃん」を目標にできるよう援助しました。義母は、頭ではわかっても心ではしっくりこないという、膠着《こうちゃく》状態が少し続きましたが、幼少期からの「忍耐と辛抱、自己犠牲」に向き合い、そんな自分自身を「いたわっていいんだ」という気持ちを実感する段階にさしかかると、狂ったかのように長い時間、仏壇の前で泣き続ける混乱期を経て、徐々に嫁や孫のことから心が遠ざかっていったのでした。

直接的には影響がないように見えるのですが、世代による価値観の違いが大きすぎると、子どもは「自分の出番」を悟って小さな胸を痛めながら、家族を物理的破綻から守ろうとし、子どもとしてのびのび育つことができなくなってしまうのですね。

「問題児」はわかりやすいサイン

子どもが選びがちな役割のラストに、「スケープゴート」を取り上げたいと思います。日本語では「いけにえの山羊」と言われ、比較的よく知られている概念です。全体を守るために、ある一人を犠牲として差し出すという意味ですね。その子が犠牲になることによって、集団の安定が保たれるということになります。

このからくりを具体的に説明してみましょう。家族の中で誰か一人を「この子が一番問題だ」と考え、「一番悪い子」として非難し続けていれば、親や祖父母、きょうだいなど他の人たちの関係に多少の問題があったとしても、そこに目を向ける必要性が小さくなるのです。「この子が……」への関心の集中が生じている限り、この不健全な状態は長く維持され、真の改善に動きだすことができません。たとえば夫婦の関係が冷え切っていても、子どもが問題ばかり示していれば、「この子が問題なのだ」として、子どもへの対応に目を向けるので、夫婦関係は続きます。

しかし、この「かりそめの安定」は、長続きしにくいものです。なぜなら子どもの姿は、いかにも「問題」なので、家族は何とか対処しようと動きだします。家族の知恵だけでは解決できず、外の力に頼ろうとすることにもなるでしょう。逆に学校などが問題を察知し、学校からの働きかけがあるかもしれません。したがってスケープゴートは、この章で紹介してきた役割の中で、もっとも不幸で、しかし、もっとも気づきやすいサインを送っているものなのではないかと、私は考えています。もちろん、教師やカウンセラーなど、外部の支援者が、サインを読み間違えて「子どもが問題」のレッテルを貼って非難するだけで終わっては、意味がありません。現実には、学校や行政などで相談業務に当たる人たちは、問題を見抜く専門性に欠け、また日々の雑務に忙殺されて、サインがつぶされてしまうことが日常化してしまっています。これには、本当に目を覆いたくなります。

私は、子どもの問題で相談にきた人にカウンセリングを始めるにあたって、「お子さんがそのようなことをしてくれて、よかったですね」と伝えることがあります。親が「問題だ」と受けとれたからこそ、カウンセラーのもとに足を運び、こうして家族の立て直しに向けて相談が開始されるのですから。読者のみなさんは、そうは感じられませんか？

「やっぱり、子どもを連れてこないと意味がないですよね？」

こんな質問もよく受けます。そんなとき、「いいえ、子どもさんは来ていただく必要はありません。もちろん来られたいと言われるのなら、無理に断らなくてもいいですが」などと答えます。こうして「子どもの問題」について考えようとして始まったカウンセリングが、徐々に、カウンセリングに通う親自身が抱える複雑な感情、過去の体験とのつながりへと深まります。そしてそれらのしこりをほぐしていくという作業を通じて、親自身の変化が家族全体へと波及し、子どもの「悪い子」の役割は終わりとなります。つまり子どもの問題の解決を目指しながら、実は最初から家族全体の変化を志向しているわけです。

この「スケープゴート」の子どもによって、家族は救われやすいと考えられるのです。「スケープゴート」として見られやすいのは、子どもの反抗・暴力、不良行為、勉学意欲の喪失、不登校などの症状です。どれも教育熱心な大人には、いかにも「問題」に映りますね。特に頻繁な暴言・暴力は、家庭内に隠されている虐待（支配的人間関係）を明示していることが多いものです。これらはどれも、子どもを変えるべきことを訴えているのでなく、身近な大人へ向けたわかりやすい警鐘なのです。しかしそのことにいつまでも気づかずに「スケープゴート」のまま放置しておくと、せっかくしぼり出した子どもなりの知恵が、本当に「いけにえ」として葬り去られてしまうかもしれません。

自分から「悪い子」になっていく子どもは絶対にいません。サインをキャッチできたら、親は、自分たちの姿を鏡に映して見るよう、勇気を出すのです。その前で躊躇《ちゅうちょ》してしまうことに気づいたならば、すぐにでも信頼できる専門家に相談しましょう。

第5章＊「あなたのため」は、〝きれいな虐待〟

「あなたのため」は本物か

子育てに四苦八苦する期間はそれほど長くはありません。いつの間にか子どもが自立間近にまで成長していたことを、寂しく思うということはないでしょうか？

しかしこの時期、親としては同じく気になってくるのが、わが子の勉強に向かう姿です。幼児期や小学校低学年からの早期教育をめぐっては、賛否両論があるところです。しかし中学生になれば高校受験を、高校生になればその先の進路のことを考えて、「いま、勉強をがんばること」が、親としてはとても重要に思えるに違いありません。それが一生を左右すると信じている人も少なくないようですね。その裏にはもちろん、わが子の幸せを誰よりも強く願う親心があるはずです。

しかし、親の心配をよそに、「その時期」になっても当の本人は、期待に沿うようには勉強に励んでくれません。

「このままでは、将来苦労するわよ！」

「お母さんがこれだけ真剣に考えているのに、本人に自覚がなくてどうするの？」

「どれだけあなたのことを思って言っていると思うの？」

切羽詰まった思いはうまく伝わらず、熱心になればなるほどイライラが高じ、家庭の雰囲気もギスギスしがちです。勉強のことさえなければ起きないような衝突が増え、軋轢は家族全体に波及していきます。そんなとき、夫からも「子どものことはおまえに任せていたのに」と責められたりすれば、母親はノイローゼ状態に陥ってしまうかもしれません。


先日、ある進学情報会社が発行する冊子用のインタビューを受け、「勉強しない子どもに対して母親はどうしたらよいか」について、Q&A形式でアドバイスをするという機会がありました。悩みの事例として、「勉強にやる気を出さない」「進路選択が決まらない」「言ってもきかない」などの項目が挙げられていました。

私の答えは、大きな二本の柱にまとめることができました。

一つ目は、子どもが将来の目標を見いだせず、それに向かって自発的に励もうとしなくなっていった過程を振り返ってみましょう、という提案です。

二つ目は、いまそういう迷いの状態にあることが、本当に子どもの一生を不幸に陥れるほど重大なのでしょうか、という問いかけです。

日頃、大学生・大学院生の指導にあたっていて思うのは、まじめに授業に出て、試験の結果は優秀なのに、卒業研究になるととたんに手がつけられなくなってしまう傾向が顕著になってきていることです。授業で出された課題はしっかりとやれるのですが、自分で課題を見つけようとするとあれこれ迷い、なかなか決められない。同じような嘆きが、就職先の人事担当者からも聞かれます。採用試験の結果は優れているにもかかわらず、それが仕事に生かされない、つまり、指示されたことを忠実にやり遂げる能力と、何をしたらよいかを自分で見つける力とのギャップが大きいということです。このような人たちには、小さい頃から勉強に励み、優れた学歴や成績を残してきたという傾向がうかがえます。

私は、このような親の態度を「きれいな虐待」と呼んでいます。幼い柳美里さんも、母親から勉強を強要されてはたきの柄で打たれた経験がありますが（第7章）、柳さんがそうだったように、勉強を強要される子どもは、親から虐待されているという認識はありません。そして親も「あなたのため」と思っているのですから、虐待している認識はありません。しかし、子どもには暴力による虐待と同じような悪影響が残るのです。そして、それが臨界点を超えるケースが目立つようになってきたのです。

そして、第3章でも触れた、奈良の高校生による自宅放火事件のように、取り返しのつかない事件がしばしば起きるようになっています。私は、隠されている「きれいな虐待」の危険性について、いくら声を大にして警告しても間に合わないのではないか、という焦燥感に駆られています。

さて、先ほどのアドバイスの二本柱について理解を深めていただくために、ここで、私が関わった、勉強にまつわる事例をいくつか紹介したいと思います。

Aくんは、小学校を卒業するまでは、とにかく毎日外へ出て友だちにまじって遊ぶような子でした。家で勉強などやりません。それが中学に入ると、まるで人が変わったかのように外に遊びに出なくなり、勉強にやる気を出したのでした。ところがそれは長続きせず、やる気を出したり失ったりのくり返しで、成績もそれほど伸びません。Aくん自身も、ふがいない自分に精神的にもブルーになります。

けっきょく不本意な思いを抱きながら、自宅から一番近い公立高校に進みました。不本意な高校との評価は、親の期待に応えられなかったという思いとつながっていたのでしょう。こうして勉学意欲はますます失われ、学校から帰ってきては庭に腰を下ろし、飼っていた犬に向かって「お前はいいなあ。何も考えずに、ぼーっと日なたぼっこができて……」とつぶやくような日々を過ごしたのでした。

大学は、志望学科について考えることもなく、とりあえずなんとか地元大学の経済学部に入ります。しかしそれからが大変。大学の授業をさぼるようになり、アルバイトに精を出しては趣味に没頭するうち二年間が過ぎました。ある日、偶然に立ち寄った書店で深層心理学に関する本を読んだのをきっかけにして、急に心理学が勉強したくなり、親の反対を押し切って心理学科へ転籍します。それからは、人が変わったかのようにがむしゃらに勉強を始めたのでした。Aくんの勉学目標が決まったのは、二十歳過ぎだったのです。

それから三十年ほどがたち、こうして原稿を書いている私がここにいることになるわけです。私の場合、寄り道をして、迷って、だからよかったのだと、いまから振り返って思うことができます。

「やらされる勉強」からの脱皮

中学二年生のななみさんが母親に連れられてカウンセリングに訪れました。三年生への進級を目前にして、急に学校へ行かなくなったのです。母親が理由を問うと、「勉強したくない」と答えました。これまで勉強に励み、優秀な成績を修める姿を見てきた母親にとって、ななみさんの言葉はまさしく寝耳に水。進路決定の大事な時期にもさしかかっていたので、「この子の一生がダメになってしまう！」とまで思いつめていました。

私はいつものように「あまのじゃく」なカウンセラーになって、まず「娘さんが勉強嫌いになって、本当によかったですね」と伝えます。「よかった」というのは、子どもの問題のいかなるものも、家族に潜む真の問題の正体を示唆していると信じているからです。「勉強したくない」というななみさんの言葉には深い意味が込められています。それを知るために、彼女にとっての「勉強」の意味を確認する必要がありました。

「いつ頃から勉強をがんばるようになってしまったの？」とたずねると、母親のほうが「小さいときから好きだったんです」と答えました。四歳で塾に通いはじめ、宿題プリントを毎日きちんとやり続ける生活だったと母親は説明しました。プリントが終わるまで、母親は娘の横に座って「見守っていた」ということです。

こうしたやりとりを続けているうちに、母と娘の間で、勉強をめぐるとらえ方に大きな違いがあるのが読みとけていきました。母親にとって、ななみさんは「もともと勉強好きな子」です。では、幼い彼女にとってはどうでしょう。最初から、「勉強はやらなくてはいけない」もの、つまり「決まり」だったのです。母の隣で勉強するという決まりごとは、小学校に入ってからも続きます。なぜなら、それが当たり前のことだと信じる以外に、心の収め方が見つからなかったのでしょう。

しかし中学三年生の受験期という節目が近づくのと時を同じくして、ほかの友だちと自分を比較したり、客観視したりして、ようやく「自分は勉強をやらされてきた」ことを自覚したのです。そして「本当はいやだ」という本音の抑え込みを解き、はじめて抵抗することになったのでしょう。ななみさんの突然の勉強放棄は、「自分でやることを決めて動ける人間になりたい」という意欲の表れだと、私は理解しました。「優等生の息切れ型」という不登校の分類がありましたが、やらされてきた子どもたちにとって、息切れというのは貴重な体験なのです。

母親も「勉強をやり終えるまで見ていないと、不安なんです……」と胸の内を率直にさらけ出しました。このように親の心を突き上げる不安は、子ども時代の体験とともに封印してきた思いに根ざしている場合が多いものです。この母親も例外ではなく、世代を超えて、同じ勉強風景が再現されていたのでした。

ななみさんの母親も子どもだった頃、「お母さんにほめてもらいたい」の一心で、隣で目を光らせる母の期待に応えるために宿題をやりました。しかし、中学生になる前には続かなくなり、そのために「母は私を嫌いになった」と思いこんでしまったのです。娘であるななみさんが勉強を嫌がるようになった姿にかつての自分を投影して、娘を嫌ってはいけないと焦り、どうしても勉強をやり遂げてもらいたかったのでしょう。

ななみさんのような「好ましくない勉強」のパターンは、小中学生の途中から急にやらなくなるという傾向に着目すれば判別しやすいといえます。つまり思春期になって勉強をやろうとしなくなったという訴えに対しては、幼児期から児童期にかけて、大人の期待に従ってやってきたに過ぎない可能性を疑うのです。

子どもが低学年のうちの勉強は、まだ母親にもわかる程度の難易度です。しかし学年が上がり、受験対策用の勉強ともなるともう手に負えなくなります。この変化を子どもの視点で見てみましょう。それまでの導いてくれる存在が突如としていなくなり、勉強の目標が定まらず、方法も自分で見つけ出せない状況へと放り出されたに等しいのではないでしょうか。

さて、では対策はということになるのですが、できれば目先の目標からいったん離れ、自己決定のできる人間へと軌道修正をしていくために、「育ちなおしの時間」をとることがひとつの選択肢になります。子どもに任せてみることで、いったん勉強から離れてもらて待つのです。

い、新しいものへの探索欲求が醸し出されるように、少し遠く離れた位置から声援を送っ

「受験期に無駄な時間を費やすと、取り返しがつかないことになる」という異議申し立てをする人が出てきそうです。きっとそれは、「この子のために」という思いが強すぎるからなのでしょうね。しかし「この子のため」が本当に正しいかどうかは、人生の先までたどっていかないことには誰にもわからないはずです。つまり現段階では誰にもわからない。本書でいままで見てきたように、教育的な家庭に育ち、難関高校や大学に進んだ子どもたちがそのあとで自殺することばかりを考える日々が続いたり、犯罪に走ってしまったりするような未来が待っているかもしれません。それは実際に身をもって体験してみなければ想像もつかないでしょう。しかし、私はそのような少年少女がたくさんいることを知っているのです。あってはならない現実なのです。

自分から勉強しようとしない子。それは勉強のことに限らず、自分で判断して動く自由さを伸ばすことができなかった子でしょう。さらに、いま、勉強をしようとしないことが、将来の不幸せを決めるわけでもありません。「この子のために」という強い親心が落とし穴になる……。その実態は、「そうさせたい」と躍起になる親の不安であり、それをごまかすために責任を子どもに押しつける「論理のすり替え」であることに気づいてもらいいた

いのです。子どもを信じ、子どもに任せることを、自分に許してやりましょう。

その後のななみさんは、不登校の数年を経て大検をパスし、そしていま、看護の勉強をするために大学に通っています。

モンスターペアレントも世代連鎖している

学校の教師は疲弊しています。最近、競争的な教育環境に変わったという要因が大きいのですが、「モンスターペアレント」の出現も大きな負担になっています。この問題が、教師の問題解決能力を大きく低下させているのです。

モンスターペアレントとは、学校に対して自分の子どもの扱いなどを自己中心的に主張する親たちのことです。要求は担任の教師だけでなく、その上役や教育委員会、マスメディアにまで持ちこまれることも多く、放置しておくと本当に教師の不利益になりかねない危険をはらみ、そのたびに担任教師は「大火事」を消すために奔走を余儀なくされます。

また、モンスターペアレントは、特定の子どもがえこひいきされている、というようなことにも敏感に反応し「人の足を引っ張る」方向に主張するのも特徴です。子ども同士のけんかはよくあることですが、「子どものけんかに親が……」と、モンスターペアレント同士が衝突するとやっかいなので、「親は直接交渉しないように」と呼びかける学校もあり、結局トラブルの際には教師が仲裁に入り、親が在宅している夜の家庭訪問を余儀なくされ、勤務時間はとめどなく延びていき、教師は疲れ果ててしまうというのが現状です。

このような親の存在は、昔から皆無ではありませんでしたが、これほど目立ってはいませんでした。モンスターペアレントが多く見られるようになったのは一九九〇年代後半からといわれています。親の世代からいえば、一九六〇年代後半以降生まれで、この世代の特徴は「核家族が進行した時代を生きた」ということです。

人口統計の推移を見ると、すでに見たように一九六〇年頃から、人口に占める子どもの割合が減っていきます。一九七〇年代には二五％程度で一〇年間ほどフラット状に続きますが、一九八三年頃から急激に下がりはじめます。私の実感では、モンスターペアレント的な親はこの頃からぽつぽつ出てきていたような記憶があります。

モンスターペアレントの出現には、彼らが育った時代が色濃く影響しているように思います。核家族化で、彼らの親（子どもから見れば、おじいちゃん、おばあちゃんです）が幼児期から児童期にかけて、子どもをなかなか離さなかったということです。モンスターペアレントは、それを、世代を超えてくり返しているのに過ぎません。

「世代連鎖」は虐待と似ていますが、モンスターペアレントは虐待の産物ではありません。

子どもを哺育器に入れているような感覚で、その空気を汚すような者に対しては容赦しないという感覚です。子どもが成長するに従って、乗り越えなければならない必要な試練がありますが、親子分離ができていないために、自分自身が迫害を加えられているような気がして、怒りを感じる。これが、モンスターペアレントなのです。

ここである疑問が出てきます。モンスターペアレントは、社会人としては中堅の世代となります。学校にこれほど強硬な抗議を申し入れているのですから、職場や社会生活でも不適応を起こしているのではないでしょうか？

それが、そういうわけでもないのです。彼らは、職場や地域の人間関係では無難に暮らしていることが多く、逆に、他人に迎合的にふるまっている可能性が大きいのです。そうやって社会ではふたをして、抑えたストレスを、自分の子どもがひどい仕打ちを受けているという認知によって起動させ、「子どものために」という名目で学校にぶつけているのです。つまり、虐待や勉強を強要する親に見られる「あなたのために」という構造がここでも見られるのです。さらに見方を変えると、モンスターペアレントが「子ども」で、教師が「親」、そのような構図の中で、親が子どもに振り回されるという現象が起きています。教師の世界も上から下へのしめつけが厳しく、教師たちは怯えているのです。もっとおおらかにしていればいいと思うのですが。

しかし、教師がモンスターペアレント対応で駆け回らなければならなくなったために、本当に救われなければならない、虐待されている子どもが出しているサインが見落とされる危険が大きくなってきました。これがいま、私が本当に心配している事態なのです。

親自身をどう癒すか

いままで述べてきたように、モンスターペアレントには「自分に問題がある」という自覚はありません。「あなたのために」と信じているからです。ですから、「カウンセリング」という名目では、彼らはなかなか受け付けないでしょう。私は、「不安を聞きますよ」というアプローチで入っていきます。学校関係者ではない、カウンセラーの「第三者」という立場を生かすのです。

話を聞きはじめたら共感に徹します。「それはわかりますけどね、お母さん」などと言いたくなりますが、逆効果です。「カウンセリングのあとは、親の顔つきが変わっている」と、よくいわれたものです。「長谷川マジック」などと名付けられたこともあります。

モンスターペアレントは虐待に似ていますが、現象としての行動は正反対です。しかし、他人への虐待に発展することはありえます。たとえば、ある有名国立大学医学部に勤務する医師は、親として教師の無能さ、学歴、容姿をこっぴどく攻撃しました。「そんな大学出て、よく大きな顔をして教師ができるな」「そんな顔をしているから子どもたちに舐められるんだ」。その教師はただ泣くしかなかったといいます。そこには学歴を唯一のよりどころとしなければならないような抑え込まれた感情が表れています。

親が教師に叩きつける言葉。それは、親自身がその親に言われてきた言葉なのです。

子どもに包丁を突きつける親と教師

モンスターペアレントにきりきり舞いさせられている学校では、対応に必死で、それが何を意味しているのかを見きわめる余裕がありません。

私は学校の先生を対象とした研修会にしばしば駆り出されます。子どもへの対応や保護者との連携の取り方、そして先生自身の悩み。さまざまなテーマがある中で、数年前からは虐待への対応について話すよう依頼されることも多くなっています。そんなとき私は、先生たちにこのような問いかけをするのです。

「先生が出す宿題で、子どもが虐待されることを知っていますか?」

唐突な質問に会場はどよめくのですが、その驚きの様子が大きくないのは、先生たちもそのことを薄々感じとっているからなのでしょう。しかし、続けてこう問いかけると、会場自体が揺れるような、大きなどよめきが起こるのです。

「私が関わったケースだけで、子どもに宿題をやらせるために包丁を突きつけた親が三人います」

父親の俊夫さんは小学五年生の一人息子の勉強のことで悩んでいました。「社会に出てから、勉強しなかったことを後悔するぞ」などと、幼い頃から厳しく言い聞かせてきたのに、子どもは自分から宿題すらやろうとしません。そこで仕方なく、仕事が休みの日に、息子の横に座って勉強につきあうのですが、小学校高学年になったいま、「子どもに勉強させるためには、手に包丁を持っていなくてはならない」と告白するのです。低学年の頃は、子どもはまだ父親に威厳を感じていて、口頭で叱る、それでもダメなら素手で叩くと子どもはたいてい言うことを聞いていました。しかし思春期近くにさしかかると、身体的・精神的に発達して子どもの父親への恐怖心は小さくなりがちです。そのため、これまでのやり方では効果がなくなってしまったというのです。

二人の子どもを育てる母親、明子さんの場合はもっと悲惨でした。長女が小学三年生のとき、担任の先生から「ドリルをやってこないので、みてやってください」という電話連絡が入りました。こういうとき一部の母親は、まるで自分が叱られているようで、とてもみじめな思いをするのです。明子さんはイライラしながら下校した娘さんに近づくと、包丁を娘の顔面に突き出し、「ドリル、やれ！」と命令しました。それからしばらく娘さんは、首筋に包丁を当てられながらドリルに励むことになったのです。

担任の教師は、母親への連絡後、子どもがドリルをやってくるようになったので「連絡したことがうまくいった」と、まったく見当違いの受け取り方をしていました。さすがに私もこのときは、明子さんと相談の上で、教師に「ドリルをやらせないように」との助言をしなくてはなりませんでした。もちろん教師は、想像もつかなかった事実を知って、非常に驚いていました。それにしても、このような緊迫した現実にまったく気づけないような学校と家庭のつながりの薄さには、つくづく失望させられます。

「先生方。宿題を出すことが間違いだとは言いません。でも、結果を評価するだけでなく、子どもたちがどのような環境で、どのような思いでそれをやってきたか、あるいはやってこなかったのかという過程にも、目配りを忘れないようお願いします」

研修会でこのように熱く語ると、教師たちのまなざしも真剣になってくるのです。「虐待のサイン見落とし」につながりかねない。それを理解してくれたのでしょう。

教師の「度を越した指導」

教育現場の不祥事を伝えるニュースは、あとを絶ちません。最近は、年々増えてきているようにさえ感じられます。教師が「先生さま」と呼ばれ、尊敬の対象だった昔のことは、残念ながら私の臨床経験からはわかりません。教師という職業に就く人に、本当の人格者が多かったのか、不正をしながらも、当時は明るみに出なかったのか、はたまた不祥事のとらえ方が変わっただけなのか、原因はいろいろと考えられますが。

ここで問題にするのは、教師自身が虐待の環の中に入ってしまうという、一番してはならないことです。家庭でも虐待、学校でも虐待では、子どもはどこにも居場所がなくなってしまいます。しかも、勉強にまつわる「きれいな虐待」は、他人の眼には問題性があると映らないので、出口がありません。親の立場にある読者のみなさんにも、この現状をぜひ知っていただきたいと思います。

二〇〇七年、三重県の小学校で女児三人が、休み時間にベランダのプチトマトに水やりをして、後片付けのために授業に少し遅れてしまいました。放課後、授業を担当していた女性教諭に謝りに行ったところ、「勉強しない人はそこら辺で死んでもいいんだよ」と言われたというのです。子どもが泣きながら親に話して、ことが発覚しました。

実は、これと似たような教師の発言は、まれなことではありません。教師の中にも「勉強至上主義」に凝り固まった人がいて、そういう人は子どもの心を傷つけることに無頓着になってしまうのでしょうね。これでは子育てに苦労している母親の緩衝役などとてもできません。

この先生はマスメディアの取材に対して、「プリントを限られた時間内にやらせることで精いっぱいだったので、厳しい言葉になってしまった」と弁明したそうですが、誰が見ても「厳しい言葉」の範疇を超えています。これは明らかにハラスメントで、犯罪行為と紙一重の行為です。本当に「時間に追われて」こういった発言が出てしまうのであれば、先生たちが、もう少しゆとりをもって仕事に臨めるような環境づくりを真剣に考えなくてはならないのではないでしょうか。もちろんそれは政治レベルの話になりますが。

教師の「あなたのため」もやはり不純

親が「あなたのため」と思って子どもに対してする行動が、子どもにとっては圧力であり、虐待にもなることを見てきました。実は、教師も「あなたのため」という原理で動いていることが多いのです。学校ぐるみでそれを行なった例をご紹介します。

東京都足立区の小学校では、区が行なっている学力テストの点数を上げるために、一部の児童をテストの対象から外すなどして、点数の底上げを図っていたことが明らかになりました。また、事前に出題されるのと似た問題で演習するなどの指導も行なわれていたということです。足立区では学力テストの成績のよい小中学校に重点的に予算配分を行なう、小学校・中学校で学区を廃止し、希望する学校に入れる制度など、競争原理を導入した施策が行なわれていたため、教師たちに「競争に勝たなければならない」というモチベーションが働いていたことは間違いないでしょう。足立区では親だけではなく、学校の教師も教育を道具としてとらえ、子どもすらも道具としか見ていなかったことがわかります。子どものためを考えるならば、点数をごまかして平均点を上げる必要はないからです。

この問題とされた学校ですが、二〇〇五年度は四十四位、二〇〇六年度は一位だったそうです。この大躍進の秘密は、情緒障害をもつ子どもの答案を省き、さらに試験監督の複数の教員が見回りをしながら誤答を書いている子どもがいるとそれを指差し、訂正させていたためでした。不正が発覚する前は、「学力を向上させるすばらしい学校」の評価を得ていたのでしょうね。高い評価を受ければ、その後の手当や昇進などにも響いてきます。

「結果」とはしょせん、そんなものです。もっと大切なのは、プロセス（過程）と、主人公（子ども）自身が達成感を抱くことができ、そして自分を価値ある存在だと尊《たっと》ぶことができる心だと思うのです。

さらにそのあと、あちこちの高校で、大学合格者の実績を上げるために、「水増し合格」のようなことをしていたと問題になりました。限られた優秀な生徒に、有名大学の学部・学科の試験をとにかくたくさん受けさせ、一人で何十大学もの合格者数を稼がせていたという件です。受験料は高校もちで、報酬を受けとっていた生徒もいました。高校説明会ではこのような実績のからくりは説明されませんので、「多くの生徒が有名大学に合格する高校」としての宣伝効果となるわけです。

足立区の教師たちは、何のために教育を行なっていたのでしょう。それは、「自分のため」にほかなりません。競争という圧力が高まれば、「自分のために」という思いがふくれあがってくることは避けられません。

こうして、家庭のみならず学校も、子どもが安心して過ごせる「居場所」ではなくなっていくのです。

「勉強」にこだわる教育者たちが、自らの力で、この悪しき風潮に風穴をあけることはおそらく不可能でしょう。なぜなら、政策を練るトップにいる人たちは、「結果」で高い評価を受けてきた、特別な選ばれた人ばかりですから。そして、下のほうで起こる不祥事に厳正な処分を下すのが仕事ですから。私には、そのようなトップにいる人たちの表情に、まったく「幸せ」を見いだせないでいるのです。家庭も学校も問題解決能力が低下してきたいま、「きれいな虐待」を受け続けた子どもたちの「反乱」はさらに手がつけられないほど大きくなると、私は予想しています。

第6章 ＊ いじめ、学級崩壊の相互関係

「学校で問題」は氷山の一角

「学校で問題を起こす子」は、どのように見られているでしょうか。昔からそういう子は必ずクラスにひとりかふたりはいました。「困った子だ」「またあの子が……」というように思われながら、「なぜ、あの子はそうするのか」というところまで考えられるまでにはなかなかなりません。

しかし、「学校で問題を起こす子」は、家庭の問題を学校で「再演」していることが多いのです。第4章で、子どもが「同じ役割を演じ続けることで、家族関係が固定化する」ということに言及しました。そのことに深い関係があります。つまり、子どもが家で果た

している役割を、ふたたび学校で演じている可能性が高いということです。

「役割を演じる子ども」の行動は、初期の段階と慢性化している段階とで違います。その初期においては、理解のためにふたつの切り口が考えられます。

ひとつは、学校での行動に、家でのワンパターンの親子関係以外の違う側面が表れている場合。もうひとつは、行動に出すことによって「まわりをうかがっている」という可能性です。「またおまえか!」と教師から怒られるだけではなく、教師から「どうして君はそういうことをするのかな?」と、家での親子関係について疑問をもってくれるかどうか、反応をうかがっているということです。つまり、両方とも子どもが「SOS」を発しているのです。その結果、教師やスクールカウンセラーが家族関係まで視野に入れて子どもや親に対応することができれば、いままでとは違う関係性が生まれる可能性があります。しかし、現実には残念ながら、教師の洞察から「SOS」が感知されることはまれです。教師に指摘されると、たいていの親はまず驚きます。そして子どもを叱る、というのが「固定化された」パターンです。

子どもが学校でサインを出した場合、まずそれは教師によってキャッチされなければなりません。しかし現実には、学校での問題行動は、教師たちに「シグナル」としてうまく届いていません。加えて、そのサインに教師がうまく対応できないという別の問題が起きています。その表れのうちのいくつかは、「不祥事」として報じられることがありますが、その本質が伝えられているとはいえません。

教師が子どもの問題行動を「シグナル」ととらえることができず、さらに子どもの心の傷を広げるような行動に出ているのです。たとえば、教師が授業中におしゃべりが止まらない子どものところにはさみを持ってきて、髪を切ってしまうという事件がありました。髪を切るという行為は、立派に傷害罪という犯罪を構成します。

なぜ、こんなことをするのでしょうか。私は、教師自身が親から受けていて鬱積した怒りが、受け持ちの子どもの対応をしていて図らずも出てしまっているのだと考えています。私はこれを、「社会的世代連鎖」と呼んでいます。

もしかしたら、その教師には同年齢の子どもがいないかもしれない。無意識のうちに教え子を自分の子どものように見立ててしまい、自分の怒りを子どもに向けてしまう可能性があるのです。こうして、「子ども＝教え子」に対して、連鎖が及んでしまうのです。

教師にとって子どもは三十人、四十人という大人数であり、目配りを全体に効かせるのは無理になりつつあります。また、昔は学校の教師といえば親からも地域社会からも尊敬されていて威厳がありましたが、いまはその権威が失われています。前章でお話ししたように、親が、本来教師がやるべき職務を邪魔するような行動に出ており、それへの対応にエネルギーを割かれることが困難に拍車をかけています。

いじめ自殺の連鎖

二〇〇六年九月に北海道で発生した女子小学生の首つり自殺が、およそ一年の時を経て、「いじめが原因だった」と認められました。それを待っていたかのように、福岡県と岐阜県で中学生の自殺が相次ぎ、いじめとの因果関係をめぐる学校や教育委員会の対応が問題視されたのでした。この問題が国民的議論に拡大し、全国で小中高生が自殺するという連鎖的な現象へと広がったのです。文部科学省あてに自殺予告の手紙やメールが何通も届き、当時の文部科学大臣が、子どもたちに呼びかける異例の「アピール」を出す事態にまで発展しました。

中学生という時期は、人生の中でも、もっとも他人の影響を受けやすい時期だと考えられています。それまでの「親と子」「先生と生徒」という縦の人間関係から「友だち」という横の関係へと対人関係の質に急速な変化が起きることも一因です。確かに子どもたちが死に急いだ要因のひとつとして、この「被影響性の高進」という内面的な一般的事実をあげることができるでしょう。しかし、再発防止の観点から、それぞれの短い人生の中に「共通する何らかの事情」を探し出すことが大切です。結論としていじめが自殺を誘発したことが確認できたとしても、精神的に健康な子どもが、いじめのみによって突然死に追いやられるケースばかりではないと、私は考えています。

実は私は、冒頭に挙げた一連のいじめ自殺のうち二例について多少なりとも関わりをもっていますが、個人情報の保護の点から、詳しいことを記すのは避けることにします。別の事例を紹介しながら、最近のいじめの傾向を述べることにしましょう。

前もって強調したいことのひとつは、「いまや、どの家庭の子どもも、何らかのいじめに巻きこまれる恐れがある」ということです。

「いじめ」というと、マンガ『ドラえもん』に登場する「ジャイアン」のように、強い男の子が弱い子に対して無理な要求や暴力・暴言をぶつけるといった光景が思い浮かぶかもしれません。しかし最近のいじめは、暴力というよりはきわめてデリケートな心理的なものに変質し、その分さらに陰湿になっているのです。男子よりむしろ女子生徒の間で顕著なのが最近の特徴で、低年齢化や深刻化が進んでいる傾向もみられます。

中学二年生の理沙さんから、「はぶられている（仲間はずれにされていること）」という相談をもちかけられました。「はぶる」というのは「ははにする」、「無視する」という意味の若者言葉です。

それまで理沙さんはクラスのリーダー的な存在で、勉強もよくがんばり、多くの友人に囲まれて過ごしていました。しかし、友人たちの態度の豹変にひどく傷つき、登校できない状態に陥ってしまったのです。昨日の「親友」が、今日の「敵」。無視され陰口をたたかれることで理沙さんの対人不信は一気に高まり、クラスメイトは全員、「警戒しなくてはならない危険人物」に見えるようになったのです。

冒頭にも触れましたが、子どものいじめは変質しています。

いまのいじめを理解しようとするとき、見かけの派手さに目を奪われてはいけません。また、同じようないじめであっても、子どもによって受けるショックには天と地ほどの違いがあるのを知ることが大切です。彼女が不登校になって、母親は学校に強く抗議しました。いじめの加害者が平気で登校していて、被害者が登校できないような学校に、矛盾を感じたからでした。しかし教師からは、「本人の思い込みなのでは?」などと言われ、真剣に取り合ってもらえなかったと落胆したのでした。

学校は、いじめについて匿名の調査を実施しました。そしてそれまで見えなかったある事実を把握したのです。理沙さんに「はぶられている」と名指しされた生徒たちは、反対に自分が「理沙さんにいじめられている」と書いたのです。こうして学校は、実は理沙さんのほうに何らかの非があるのではないかと考えたのでした。

学校は、「いじめる子」と「いじめられる子」のどちらに対しても、教育的な配慮をもって「守る」という責任を有しています。こうして、いじめが明るみになったときも、被害を受けた生徒にとって不名誉な情報は出せないという状況に置かれます。報道された一連の「いじめ自殺事件」の中にも、そのようなケースがありました。いじめが始まる前から本人が精神的に不安定で、学校がそれを把握していながら、その点について公表をすることができず、説明があやふやになって世の人びと（外野席）を苛立たせたのでした。

加害と被害の境界

「はぶられている」と、いじめを訴えてきた中学二年生の理沙さん。しかしクラス内の匿名調査では、いじめているはずの生徒たちが、「私たちがいじめられている」と書いていたという矛盾は、どのように受け止めたらいいのでしょう。

思春期の子どもたちのトラブルを解決に導くよう支援するには、個々の子どもの「思い」を理解しようと努めるしかない、の一言につきます。しかし、このような常識的な提案に対しては、二つの方向から批判が寄せられそうです。

①「そんなことは当たり前で、すでにやっていることだ」

②「そんな甘い態度でいるから、いまの子どもたちはひ弱になるのだ」

前者を「受容派」とするなら、後者は「指導派」と、二群に分けることができそうです。残念ながら、どちらの立場をとる人も、現実的には支援につながる対応ができているようには見えません。重要なのは「主義」ではなく、子どもといかに関わっているかという「実績」なのです。

「受容派」の人たちは、子どもの本音を聞き出そうと接したとしても、子どもから核心的なことは話してもらえないという壁に突き当たるでしょう。いくら「あなたを理解したい」と言われても、子どもは、大人に本音を伝えても受け入れられず、結局はただの一般的な助言となって返ってくることを知っているからです。大人の対応は「羊の皮をかぶった狼」ならぬ、「理解の皮をかぶった詮索」であることを、これまで生きてきた十年あまりの経験を通して悟ってしまっているのです。

「指導派」の人たちに対しては、子どもは猫をかぶって適当にごまかしたり、逆に悪態をついたりして防衛的な態度を強め、大人と子どもの心の距離はさらに遠のくことになります。さらに不幸なことに、指導しなくてはならないという大人の焦りが、真の解決とは反対の方向に自らを向かわせていることに気づけなくさせてしまうのです。

ここに紹介したケースでも、母親はもちろんのこと、教師も理沙さんと個別に対話する時間を設けましたが、思っていることを自由に話してよいというタイミングになると、理沙さんは「別に……」と言葉をにごすのでした。

そこで、私が依頼されてこの問題に関わることになりました。思春期の子どもたちとの出会いのその瞬間は、まさに真剣勝負です。このわずかなチャンスに、カウンセラーは「ふつうの大人とは違う」ことを知ってもらわなくてはなりません。そのために私は、往々にして「常識はずれ」の人間になるのです。どこまでも理解し、途中でうやむやにしないという姿勢を貫くためには、社会常識に縛られていてはダメなのです。「問題は棚に上げておく」という覚悟を伴わないと、できるものではありません。

さて、「はぶられている」と申し出た理沙さんですが、〝常識はずれ〟の私の前では、予想どおり積極的に話し、母親への不満をぶちまけたのでした。母親はとてもまじめな性格で、正義に反することや手抜きを許さないそうです。彼女はそんな母親をお手本にして育ちました。そしていま、母親のようになった自分が嫌いでたまらないというのです。しかし学校で、ほかの生徒がいい加減なことをやっていると、すぐに注意をしてしまいます。クラスのリーダーとして、ほかの生徒にあれこれ指示を出してしまいます。

理沙さんから注意や指示、追及を受けた生徒たちは、萎縮して抵抗できず、表面的には見えない心の「しこり」を残していたのです。しかし、自分たちの非が原因でもあるので、教師に相談することもできません。こうして彼女たちは、しだいに「理沙さんにいじめられている」との思いを強めていき、友だち同士で「あの子むかつく」と陰口をたたいて「無視する」ことを申し合わせ、集団で「はぶる」という状況が生まれたのでした。

このような事態の理解と解決について、学校や家庭の働きかけが無力だったのは、問われている本質はいじめへの対処ではなく、「大人と子どもの関係性」にあったからなのです。

次ページの円グラフは、二〇〇四年度に発生したいじめを種類別に示したものです。年齢が低いほど「仲間はずれ」と「集団による無視」が多くなっているのが明らかですね。高校生になると、いかにもひどいいじめに見える「暴力を振るう」が急に増えます。

ただ、この統計は学校長が「いじめ」として教育委員会に報告し、それが文部科学省に上げられたものですので、学校が把握し、いじめとして認定していることが前提となっているのです。よほどの事態に発展しない限り、学校はいじめとして扱いたがりませんし、

図6−1　小学生のいじめの態様

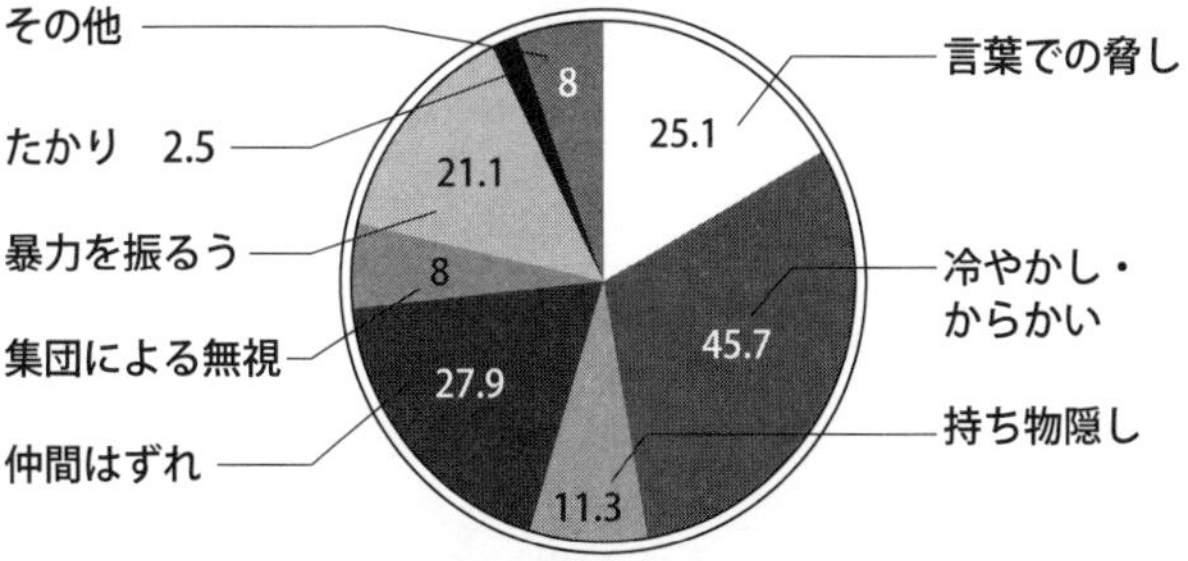

図6−2　中学生のいじめの態様

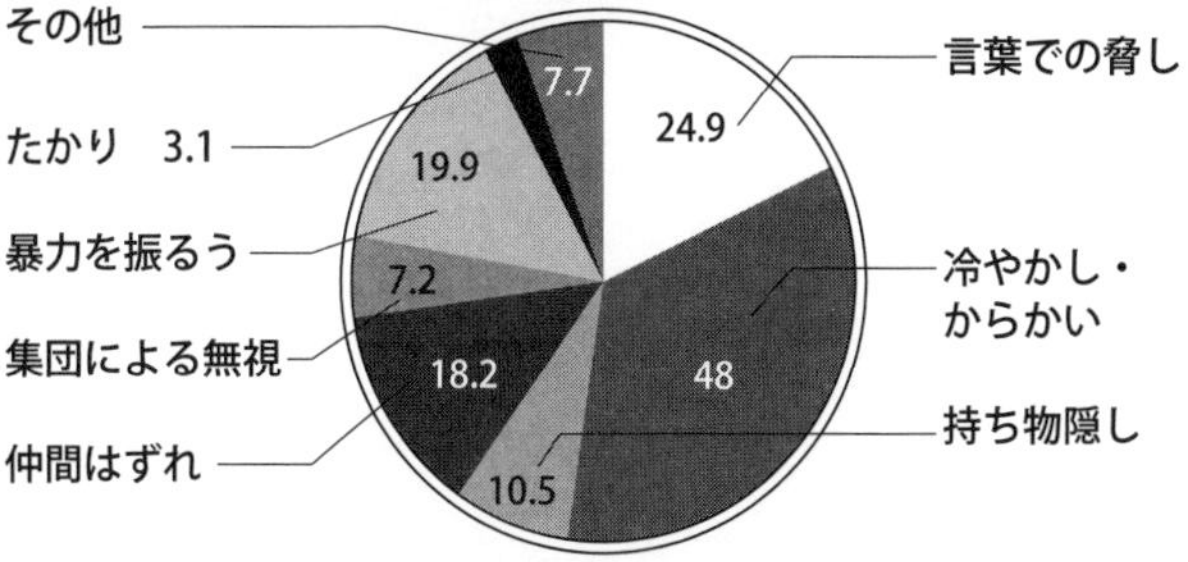

図6−3　高学生のいじめの態様

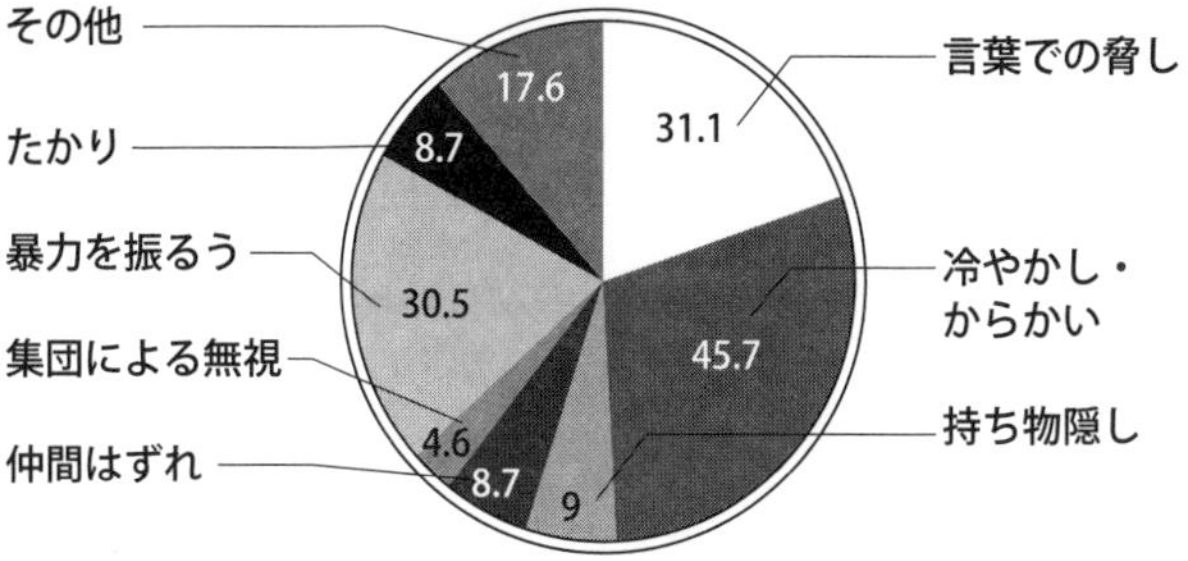

都道府県によっていじめの認定基準にはかなりの温度差がありますから、「いじめの統計ほど信頼できないものはない」というのが、教育の専門家の間では半ば常識になっています。たとえば同年度、全国の学校での一校当たりのいじめ発生件数は、小学校で〇・二件、中学校で一・三件、高校で〇・五件というのが公式発表なのですが、子育て中の親たちは、そんなに少なくないことにすぐに気づくのではないでしょうか。

冒頭に書いた連鎖的いじめ自殺に絡んで文部科学省が態度を急変させた理由のひとつに、「この十年間、いじめによる自殺は皆無だった」としていた根拠となる統計に誤りがある可能性に触れ、再調査を指示したという事実があります。

役に立たない「いじめの定義」

いじめの定義について、これまでの文部科学省の見解では、攻撃に「一方的」「継続的」の両条件がそろうことが必要でした。しかし最近の子どもたちを見ていると、これらの条件を満たしていないけれども、明らかないじめが少なくないことに気づかされます。いじめの加害者と被害者がめまぐるしく入れ替わるというケースもそうです。しかもそれは、同じグループの中で生じているのです。

「いじめ自殺」の問題が浮上する少し前、中学一年生の芽衣さんから「友だちが怖い」と相談をもちかけられました。誰かに持ち物を隠されたり、落書きされたりもしたのですが、それよりも彼女が怖いと感じたのは、数人が集まって、きつい目でチラチラとにらみながら悪口を言っている、という場面でした。というのも、相手の子たちは、少し前まで自分が入っていたグループの友だちだったのです。彼女には、なぜ自分が急にはぶられるようになったのか、わかりませんでした。

そこで私はほかの生徒にも事情を聞いてみたのです。そして、彼女が仲間はずれにされた理由は、グループに入っていない別の子と仲良くしたからという、本当に些細なことだったことがわかりました。さらに驚かされたのは、今回のいじめを主導していた生徒は、以前にこのグループから同じようにいじめられていたということと、今回の被害を訴えてきた生徒は、そのときはいじめた側にいたという事実でした。

このような仲間内のすれ違いや駆け引きの結果として起きるいじめが、増えてきているように私には感じられます。なぜ、そうなるのでしょうか。自分がいじめられないために、誰かの小さな「裏切り」を取り上げてスケープゴートに仕立て上げるというサイクルがくり返されているのです。スケープゴートにされた子どもは、「チクった」としてさらに責められる恐れのほうが強くて、親にも言えません。

いじめは連鎖するといわれています。ここでの連鎖とは、被害者だった子どもが加害者側に立つことで被害から免れ、さらに新たな被害者をターゲットにするというかたちで、被害者と加害者がどんどん生み出されていくという現象です。二〇〇〇年、愛知県で中学生の男子生徒が五千万円も脅し取られていたというショッキングな事件が起きたのですが、このときの加害少年も、かつては金銭を脅し取られた被害者だったのでした。

二〇〇七年一月には、千葉県の中学二年生の男子生徒八人が同学年の生徒に怪我をさせるようないじめを行ない、このうちの一人が、教師から指導された翌日に自殺してしまうという悲劇が生じました。遺書に「ごめんね」と記したこの生徒は、今回のいじめに加わる前には、やはりいじめられていたのでした。

次に紹介するのは、大人たちに軽視されがちな、いじめの別のパターンです。中学一年生の男子生徒、達広くんが不登校になりました。きっかけは、クラスで「うざい」と言われるようになったことです。教師はこの生徒の精神的弱さに問題性を感じていました。それくらいの悪口は社会の中では当たり前で、耐えられるよう強くならなくてはいけない、と。

私は達広くんの両親と会って話を聞きました。印象は、「きつい言葉」が飛び交うことのない、とても穏やかな家庭環境を育ってきたというものでした。きつい言葉に対する免疫が作られていなかったということになるでしょう。これに対して、「うざい」という言葉をいとも簡単に口にする子、友だちからそう言われてもまったく堪えない子は、とげとげしい言葉の使用が家庭内で日常化していて、慣れが生じていたのだと思われます。このギャップが達広くんを不登校にしたといえるでしょう。

ここにきて文部科学省はいじめの定義を、外形的な基準から「本人の受け取り方を重視する」に改めようとしています。この転換は望ましい方向です。傍から見た程度、評価する側の基準に関係なく、心理的、身体的苦痛に遭わされることはいじめであって、いち早く守ってやらなくてはなりません。この章で指摘した連鎖現象も、いじめへの適切な対処が講じられなかったため、ところを変えて広がっていったと見ることができます。

確かにいまの格差社会、勝ち上がっていくためには反骨精神が求められるのかもしれません。「もっと打たれ強くなれ」という持論を説く人たちがいます。しかし私は、競争に勝ち上がるための強さは、本物の強さではないと思っています。あることで勝つ人がいれば、同時にそこには負けた人がいることを意味します。パワーと駆け引きのゲームと化した社会が、いつか、誰もが互いに人権（私は、人権の意味を、個人個人の思いのことだと考えています）を尊び、共益を喜べるような、そんな穏やかさで満ち溢れていくことを願ってやみません。しかし現実は、この反対方向を目指したまま、その歩みを止めません。

思春期の子どものいじめは大人社会の縮図だと、つくづく思うのです。

「暗闇で殴られる」学校裏サイト

インターネットの発展は、知識欲や好奇心旺盛な人びとにとって、格段の利便性をもたらしました。学校教育においてもその有効利用が論じられ、教育への積極的な導入が図られてきました。しかしここにきて、インターネットの匿名性が悪用され、いじめの主な媒体を担うまでになってしまいました。それに対して弊害論・規制論が台頭しており、状況は急変してきています。

インターネットというとパソコンの世界を想像されるかもしれませんが、子どもたちは携帯電話というきわめて日常的なアイテムでインターネットを利用しています。このことが重大な問題なのです。最近はとくに、低年齢の子どもたちも携帯電話を所有する割合が増え、安全性の確保（居場所の確認、緊急時の連絡など）というメリットと、不特定・不健全な情報との接触の機会というデメリットとのバランスを、慎重に検討しなくてはならなくなりました。

いじめとインターネットとの関連で問題視されているのが、「学校裏サイト」と呼ばれる仮想世界です。サイトとは何でしょうか？　とてつもなく大きな辞書のページがあると想像してみてください。表紙（ウェブページ）にはタイトルが書かれていますが、作者はわかりません。制作者や管理者が公にされないので、「裏」と呼ばれているわけです。サイトの「白紙」の部分に、何を書いても貼ってもいいのです。他の裏サイトにつなげるリンクもできます。これらがすべて匿名でできるので、犯罪行為もいじめも、人に知られることなくできてしまうのです。

この裏サイトで、人を中傷する、無断で写真を貼る、ある人を騙《かた》って発言をするといった書き込みが横行しています。いじめの標的にされている本人にはわからないように情報交換し、示し合わせて実際にいじめ行為に及ぶときもあります。本人に伝わるような書き込みをしても、誰が書いているのかわかりませんから、被害に遭った子どもの不安はいっそう高まります。中には、教室ではふつうに「友だち」としてつきあい、裏サイトでは陰湿な「いじめ」をしているケースもあり、いじめられている子どもは誰を信じたらいいのかわからなくなります。現実の世界でいじめられるよりも、さらに地獄のような生活を強いられるものかもしれません。

サイトを利用したいじめは、教師をはじめとする大人には把握されにくいのです。サイト名は学校名とは無縁のものがつけられ、検索してもヒットしません。探し当ててもパスワードを入力しないと中に入れません。事態を把握するためには、被害に遭った子どもが自ら申し出て、利用していた子どもから話してもらわなくてはならないのですが、「チクル」ことはいじめの集中砲火を招くのを知っているので、誰もその勇気が出せないのです。

いま、どの中学・高校にも、裏サイトが存在していると見るべきです。そして、親や教師は、事実を知る糸口になりうる子どもからの訴えが得られるように、「信頼される人」として子どもたちに向き合うようにしましょう。「何でも聴くよ」「気持ちがわかるよ」「最後まであきらめないよ」という姿勢を見てもらうのです。私のこれまでの経験からは、家庭で十分に受け止められてきた子どもたちは、サイトを利用したいじめの主役になったり、過度にいじめに加担したりすることはありません。つまり、裏サイト問題の根本解決のためには、学校裏サイトを利用していじめをしている子どもたち自身が、裏サイトでやっていること自体が「膿《うみ》出し」となっていて、いわば彼らなりのＳＯＳのサインを出しているのだととらえるまなざしが必要になってくるのです。

しかし残念ながら、被害に遭っている子どもたちを一刻も早く解放してやるためには、親たちが、子どもに無条件・無制限にサイトに接する場を提供しないという、対症療法的介入も必要になっているのも現実です。よい子を演じている、放任され、家族の絆に飢えている、厳格なしつけで感情を強く抑圧している、体罰や暴言でしつけられてきた……このような子どもが危険です。

身近な大人が、子どもの心に寄り添う姿勢で、気づいてやりましょう。いじめの加害者も、本当は被害者だったということに。そして大人が作ったインターネットという世界が、「携帯電話」を媒介に、人びとの心の闇が無限に広がる危険な世界であるということも。もはやこの携帯できる機器は、ただの「電話」ではないということに注意が必要です。

無理解が発達障害の子どもを傷つける

前章で触れましたが、学校が競争原理に支配されると、しわ寄せはやはり「弱者」に回ることになってきます。私が強く警鐘を鳴らしたいのはこの問題です。

担任教師が、忘れ物をした知之くんに対して皮肉たっぷりに叱ります。

「お父さんが会社へ持っていったのか?」

知之くんは何も答えられずにうつむいていました。

「あなたが無視するなら、これから先生も無視することにします!」

そしてこの日から、知之くんが小学校を卒業するまでの二年弱もの間、担任教師からの無視が続いたのでした。知之くんだけは出席の確認もしてくれません。授業で、教師が席順に指名して答えさせるときも、「いない」ものとして飛ばされます。担任は「わざと答えない」と子どもの心に悪意を読みとり、まるで、その報復をするかのように誤った指導をしたのです。

実は、この出来事は二十年以上前の話です。教師からの「いじめ体験」を私に話したのは、三件の連続殺人事件を起こして死刑判決が確定し、二〇〇九年に執行されたある犯罪者でした。彼はそのとき、どうして黙っていたのでしょう……。

知之くんの父親は警察官で、忘れ物をした前夜は宿直で帰宅していませんでした。担任の問いに対し、「お父さんは警察官なので〝会社〟には行ってません」と言おうか、それとも「家に帰ってきていないので、僕の宿題を持ち出すことはできません」と言おうかなどと考えているうちに時間が経ってしまったのです。当時の通信簿を見ると、「理由をきいても、何も説明できません」と担任によって記されていました。

知之くんの例のように、他人の言葉の裏にある意図を読みとることができず、言葉どおりにしか受けとれない特徴は、「対人関係の質的な障害」といわれます。「五時には家に帰りなさい」と指示されると、どんな理由があっても、時間のことで頭がいっぱいになります。いじめで「死ね」と言われれば、真剣に死ぬことを考えてしまうかもしれません。この特有の症状は、広汎性《こうはんせい》発達障害のアスペルガー障害による可能性があります。

さらにもうひとつ、「限定的な物事へのこだわり」という特徴が認められることによって、アスペルガー障害の診断基準が満たされます。ここに言葉の発達などの遅れが加われば、自閉性障害に分類されます。これら発達障害の原因としては、遺伝が関与していると考えるのが一般的です（定説はまだありません）。

発達障害者支援法が二〇〇五年四月一日に施行され、早期に発見して適切な教育を施すことの重要性が強調されました。しかし知之くんが育った頃は、この障害の存在すら知られていませんでした。このためアスペルガー障害をもちながらも、「変な癖がある子」「注意しても聞かない子」と勘違いされ、体罰などの誤った指導を受けたり、いじめの被害に遭ったりしがちでした。このような二次的な被害体験によって反社会的な傾向が生み出され、思春期の頃から暴走してしまうケースは少なくありません。

知之くんの母親はしつけにとても厳しく、親が叱ってもなかなか直らないので、頻繁にお尻を布団たたきで打ちました。ひどいときは、火の付いた線香をお尻に当ててました。そのときの知之くんは「お母さんをこれ以上怒らせないように」という考えしかなく、体罰が終わると一目散に自分の部屋に駆けこみ、一人で泣くのでした。

酒好きの父親とは触れ合いの体験がまったくありません。しかし小学四年生のある日、たまたま家にいた父親から、何の前触れもなく仰向けに倒され、腕を押さえられたまま腹の上に座られるという「事件」が起きました。「息ができない。苦しい……」と叫んだのですが、息を使った分お腹はへこみ、乗られているので空気を吸うことができず、窒息寸前となって「死んでしまうのではないか」という恐怖を味わったのです。この出来事が二ヵ月で三回起きました。

そして間もなく五年生になった知之くんは、下校時に前を歩いていた年下の女の子を見つけ、背後から近づき、手で口を塞いでしまうという突発的な事件を起こしたのです。中学生になって、年下の子を「窒息」させる回数は増えていきます。アスペルガー障害に特有のこだわりの対象が、不幸にして「窒息」になってしまったものと理解されます。

知之くんの幼児期からのこだわりを振り返ってみると、郵便配達員のヘルメット、ひも付きの白い運動靴、足袋、白い靴下と変遷していました。アスペルガー障害をもつ知之くんに対する教育現場での不適切な対応と家庭での恐怖で縛ろうとするしつけ。これらが、本来無縁だった「窒息」と、たまたま訪れた知之くんの第二次性徴とを結びつけ、犯罪性が生み出されたのです。

発達障害は「子どもを尊重する」ための大人の試練

法の整備に先行して、軽度発達障害の理解はここ数年間で急速に進みました。とはいっても、それはこの障害をもつ子どもの教育に熱心な教師か、対応に悩む親たちに限られているのかもしれません。一刻も早く、広く社会に受け止められる必要があります。誤った働きかけによって引き起こされる二次被害が深刻になるケースがあとを絶たないからです。「軽度」というのは、障害の程度が軽いということを意味するのではありません。知的・言語的発達が大きく損なわれていないことを指し、したがって「重症の軽度発達障害」という言い方もできるのです。この誤解を避けるために、文部科学省は最近、軽度という語を使用することをひかえています。発達障害の代表的なものとしては、アスペルガー障害、注意欠陥／多動性障害（AD／HD）、学習障害（LD）の三つがあり、これらを合わせた出現率は五％以上にのぼると考えられています。

本書で扱っている「思春期」の子どもたちは、とてもデリケートな立場に置かれています。彼らが幼児期の頃には軽度発達障害の概念が十分といえるほどには確立されておらず、周囲の大人たちの関心も乏しいものでした。必然的に、表に見える問題を抑える指導が施され、無謀な矯正にも相当する日常がくり返されたのです。こうした二次（環境）要因が相乗的にはたらき、本来もちあわせていなかった「怒りの表れ」などが加えられて、思春期に至っているのだと理解すべきです。

最近、初発型少年犯罪の凶悪性が騒がれていますが、精神鑑定の結果、少年にアスペルガー障害が認定されるケースが増えました。「勉強しなさい」の言葉を忠実に守り、優秀な成績を修めてきた中高生が突然起こす事件は、二次要因の深刻さを物語ります。アスペルガー障害の子どもたちは元来親和欲求が強いが、相手の言外の意を読むことが苦手で、関心が限定された対象にしか向かないために、「問題児」に追いやられがちです。

他方、一九九〇年代に「学級崩壊」の現象が問題となりましたが、この要因を探っていくと、教師にＡＤ／ＨＤに対する理解がなく、授業を乱す子どもを強く叱るのみの対応しかしなかったために症状が悪化し、その様子を見ていた他の児童が便乗するかたちで教室全体を巻きこんだものでした。

ある小学六年生のクラスで深刻な「学級崩壊」が起きていました。担任教師のほか支援教員と保護者が毎日交代で見張りとして教室に入ったのですが、効果はあがりません。五人の男児がかき乱し役で、彼らの一挙手一投足に他の児童の心は奪われ、反応してしまうかたちで学級崩壊となるのです。

五人のうちの二人は、小学校入学の時点で「落ち着いて席についていられない」というAD／HDの症状をすでに呈し、互いに牽制しあうかのようにして授業妨害が起きていました。教師は厳しく指導しましたが、いっこうに改善しないため、体罰を与える回数も増えてしまったのです。保護者に対して「しっかりとしつけてください」と連絡を重ねますが、実は彼らは家庭でも言うことを聞かないので、幼いうちから体罰を受けてきたのでした。生来的な落ち着きのなさに加えて、一方的な叱責と体罰が継続的に加わり、症状が悪化して思春期に突入したのです。

私がこのクラスに介入することになりました。本来幼児期に育まれるべきだった、自分を尊び、他人と信じ合える心。人格の基盤からの育ちなおしのために、学校では二人にそれぞれ個別教育を施し、子どもの言葉を聞く、考えを認めるという人間関係を重視しながら、本人に興味のある勉強から進めることにしました。保護者には、厳しいしつけがかえって悪化を招いていることを理解してもらい、「家では叱らない」という対応に変えてもらいました。こうして半年ほど経過し、子どもの希望も考慮してもとの学級に戻ったのです。支援教員をはずすことはできませんでしたが、子どもたちには授業を受けようとする姿勢が身につき、クラス全体の秩序を乱すようなことはもう起こりませんでした。

教育現場では、軽度発達障害をもつ子どもたちの生来的症状を、その子の「個性」だと受けとるまなざしが必要です。みんなと違っていてもいいのです。大人たちがそう信じれば、力ずくのしつけや教育に躍起になることなく、二次的に与えられる弊害の心配も減るでしょう。軽度発達障害の子どもたちは、私たち大人に「個を尊重する姿勢」を教えてくれる「天使」なのかもしれません。

第7章 ＊ 柳美里さんのカウンセリング1 嘘を生きる

この章では、「はじめに」に続いて、柳美里さんのカウンセリングの模様を、カウンセラーである私の立場から振り返ってみます。柳さんは、どんな悩みを自覚してカウンセリングに訪れたのか、それに対してカウンセラーはどのように働きかけるのか、柳さんの心に生じた変化は……。「カウンセリングとは何なのか」がご理解いただけると思います。

カウンセラーを試す

直接視線を合わせることを避けて、私と九十度の角度をつけてソファに座った柳美里さんの表情は、彼女の単行本のカバーに載っているプロフィール写真のように、やや固めでした。そこから何らかの表情を読みとることは難しい、そう思いました。

いきなり、柳さんはこう私に問いかけてきました。

「先生は、常識的に物事を考えますか?」

一瞬、何のことか意味がわからなかったのですが、私はすぐにこう答えました。

「いや、私は非常識ですよ」

柳さんは、少しほっとしたような表情を浮かべました。


「謎かけ」がカウンセリングの場に出てきました。これは大きな意味があります。クライエント(依頼者、の意味のカウンセリング用語です。今後、この言葉を使います)がカウンセラーに対して、自分の「秘密」を打ち明けようとするまさにそのとき、相手がそれに値するのかどうかを「試して」いるからです。つまり、柳さん自身には、「自分は常識に反している」という意識がある。そこで、私が彼女の話を受け止めることができるかどうかを確認したかったのでしょう。

一方で、カウンセリングが始まってすぐ、私には柳さんに関するいくつかのイメージが浮かび上がりました。

・会った瞬間、「自分に厳しすぎる」と感じた。
・内に「秘められた怒り」をもっている。
・それらに直面することを避け、「あえて見ない」ことで、自分を守っている。

親が、「子どもがこういう行動をとることが、まったくわからない」という「わからなさ」とは何か。この部分を解いていくと、必ずといっていいほど、親自身の「過去」に突き当たる「旅」になるのです――それは、往々にして「悲しい過去」であるのですが。クライエントの「心の旅」に寄り添うのが、カウンセラーの役目なのです。

しかしカウンセラーは、それを根掘り葉掘り聞き出すようなことはしません。意識的・無意識にかかわらず、クライエント自身が「秘密」として、長い間胸の奥に秘めておいたことなのです。それを「出せ」と迫っては、本人はますます守りを固めてしまい、本当の気持ちを二度と聞き出すことはできないでしょう。

そんなときの、私の対応は決まっています。「何が出てくるのかな」と待つのです。

そのとき、クライエントの言葉だけでなく、姿、しぐさ、雰囲気など全体を見ています。

「まなざしを注ぐ」のです。精神分析の創始者であるフロイトは、「平等にただよう意識」と呼んでいます。「この人からこういう情報を得よう」という構えはないほうがいい。記者会見で相手を問い詰めるマスメディアの記者のような聞き方をするカウンセラーはいません。

クライエントから出てきた言葉を、カウンセラーは受け止めます。それはたいてい、親の「隠された悲しい経験」であることが多い。つまり親自身が虐待された経験です。それが、子どもに世代を超えて連鎖していることが大変多いのです。

「隠された」と書いたように、親はそのことについてまったく意識していません。しかし、隠された——無意識のうちにある「怒りの感情」が子どもに向いてしまい、自分のやられたことを知らず知らずのうちに再現しているのです。往々にして子どもの行動は、それを受けての反応であり、親が、自分の感覚として「困り果てている」子どもの問題行動は、親自身の「合わせ鏡」に過ぎないことが多いのです。

つまり、癒されるべき対象は、子どもではなくて親自身だということになります。

それでは、柳さんの「訴え」に、もう少し耳を傾けてみることにしましょう。

「許せない」部分こそが、親の弱点

柳美里さんは、私のカウンセリングを受けたいという動機を、このように話し出されました。

「二つ理由があるんです。一つは息子といっしょにいると、感情を押し殺しているか、感情を爆発させているか、どっちかの状態で、母と子という適切な距離を保つことができないんです。もう一つは、生きるのがしんどいということでしょうか……（略）」

（『ファミリー・シークレット』五三ページ、以下引用同書）

柳さんは、取材先のホテルで起きた「事件」をブログに書いていました。その内容がネットで話題になり、「虐待ではないか」と児童相談所に通報が相次ぎ、柳さんの自宅を職員が訪れる事態にまで発展しました。

ブログの内容、そして書き方には、柳さんの怒りのありかが端的に示されています。

「あまりに嘘つきなので（そして次から次へと嘘をつきつづける）朝7時から15時までひっぱたきまくり、学校休ませ、罰として朝食も昼食も与えていません。いま息子のいうことが本当か、彼に確かめに帰ってもらってます。もし、それも嘘だったら、千葉のホテルに戻ります。糞野郎ッ！」

（一九ページ）

息子さんの嘘に「振り回されて」疲れ果て、帰宅した柳さんは悩みます。「なぜ、自分が痛めつけられることがわかっていて、こんな無意味な嘘をつくのか」「嘘にどんな意図があるのか」「わが子のことがわからない」と。

柳さんの悩みは、ふつうの親とまったく変わることはありません。

合理化と否認

三十分ぐらいのやりとりで、私は、柳さんのかかえる問題についての「仮説」を立てることができました。「柳さんには、自分の心の内にあるものを否認する心のはたらきがある」というのが仮説で、それを解くには、「自分の子ども時代の感情をどう引き受けていくか」が、クライエントである柳さんとカウンセラーの私が取り組むべき課題となります。

虐待する親が、いつも考えていること。必ず二つあります。

「自分は正しい」

「子どものために（＝あなたのために）やっている」

このような心理的な態度を「合理化」と呼んでいます。

柳さんは、息子さんの嘘に対して、どうしてそんなに厳しくするのでしょうか？　柳さん自身には、そのあたりの認識はない。むしろ「自分は正しい」と考えていると思われます。しかし、柳さんの無意識のうちに、「がんじがらめ」ともいえる、さまざまな「自分を守るはたらき」（防衛機制といいます）があるのです。

合理化と否認、この二つの機制が、柳さんの「虐待」を解くカギになります。

では、これらはどう違うのでしょうか。

合理化は、自分のありようや行動について、そのまま認識すると自分の心が痛むので、正当化する理屈をつけるものです。

「わたしは『嘘』という一点を凝視するあまり、息子との関わり方のみならず、自分との関わり方まで見失い、現実から限りなくズレていくような、嘘が尾を引いて永遠につづくような空恐ろしさを感じた」

（三二ページ）

なぜ柳さんは、このような「奈落の底」に落ちこむような感覚をもち続けるのでしょうか。柳さん自身の育った環境を見つめ直して、そのカギを探してみましょう。

失われた虐待の記憶

「母はキャバレーに出勤する前に、算数の問題を解くわたしのとなりに座り、間違った答えを書くたびに、ハタキ（わたしたちは『ムチ』と呼んで怖れていた）の柄で、鉛筆を持つわたしの右腕を打った。

打ち過ぎて、竹が割れて線状になり、腕は血が滲んでミミズ腫れになったが、母は、わたしが正解を出すまで許してくれなかった」

柳さんは、両親からの虐待を受けて育った「サバイバー（困難な状況を生き抜いた人）」でした。母親からは勉強を強要されることなど、父親からも殴られたり、裸にされて公園に放置されるなどの虐待を受けていました。しかし、カウンセリングで向かい合った現在の柳さんからは、それが虐待だとの認識が失われてしまっていたのです。柳さんのこの質問からも、その「欠落」がおわかりになれるでしょう。

（一一二〜一一三ページ）

柳　わたしが父親から受けた暴力は「虐待」なんですか？

（六二ページ）

柳　長谷川さんにもう一度お訊きしたいんですが、わたしは「虐待」を受けたんですか？

（七二ページ）

それに対する私の答えです。

長谷川　虐待ですよ。柳さんはもう紛れもない、激しい、重度の虐待を受けて育ってきてるんですよ。それは認めてあげましょうよ。そんななかをよく生き延びてこられましたね。

（七二ページ）

柳さんは、自分が受けていた行為は認めつつも、それが虐待ではない、と必死で主張します。これが、否認という心の働きです。「自分の外的事実、内的事実の体験を、ないことであるかのように認識する」ことと定義されています。

虐待をする親の心には、合理化と否認がセットになっています。虐待をする親のベースにあるのは否認の感情で、合理化が「子どものため」と手段としての虐待を正当化してしまうのです。そして虐待を受ける子どものほうも、自らの感情をまひさせ、それらの経験をなかったことのようにしているのです。これが否認の感情です。そして、親の虐待を子どももなりに正当化します。合理化です。そうしないと、とても生き延びることができないから。こうして、子どもにも「合理化と否認」のセットができてしまうのです。

柳さんは、父親の暴力に対しては、「自分も悪かった」という認識を、過酷な運命を生きてきた母親を「かわいそうな人」だと考えていました。まさに、自分が受けた虐待の記憶にも「合理化と否認」が固着してしまっているのです。

さらに、この合理化と否認の感情が、その後の柳さんを長く苦しめました。

母親は横浜の私立女子名門校への入学を期待し、進学塾に行かせたりピアノを習わせたり、柳さんに勉強を強要します。勉強を強要される柳さんは、「早く自分の望むようになってほしい、それが娘のためだから」という感情、つまり、早く大人になるように母親から追い立てられます。母親に子ども時代を否定されていたと見ることができます。また、夜の仕事やそれに母親の「大人」の部分を見せつけられた強烈な経験もあり、「お母さんはかわいそう」という、子どもの柳さんの痛々しい合理化は、三十年以上も続くことになったのです。

柳さんの母親もまた、過酷な運命を生きた人でした。それだけに自分のような人生を娘に味わわせたくないという思いがあったのでしょう。しかし、「いい学校に入って、お嬢様のような生活を」という柳さんへの「生き方」の強要は、自分自身の人生で背負っているコンプレックスを、子どもに託して展開させようとする行為にほかなりません。「ハンディキャップを補償する」と心理学の用語ではいいますが、これは「あなたのため」の典型です。

これは、「生き直し」とはまったく違うということに注意が必要です。勉強や習いごとなど、自分が果たせなかった夢を子どもに託し、熱心にやらせる親がときどきいますが、これは単なる「おしつけ」です。それは一見親自身の「生き直し」のように見えますが、「生き直し」とは、自分自身が生き生きと生きられるためにやるものであり、それを子どもに展開しようというのは、にせものです。ぜひ、そのことを間違えないようにしていただきたいと思います。

カウンセリングが進み、柳さんの中にある「否認の感情」が明らかになった瞬間、柳さんは明らかに動揺しました。

長谷川　そのときのお母さんへの感情は？

柳　ちょっと……思いつかないですね……。

長谷川　思いつかない、と言われましたね。思いが無いんじゃなくて、思いが付かない。思いつかないようにしなきゃ、苦し過ぎるもんね。

柳　わたし、四十一歳ですよ？　二十七年前の話じゃないですか？　過去の出来事としてピリオドを打っていると思うんですけど……。

（略）

柳　母のことを「かわいそう」と言っておきながら、自分が「かわいそう」と言われるのは、すごく嫌なんですけど。（略）

長谷川　うん、かわいそうな自分というのを否認することによって、これまで強くたくましく生きてきたわけだからね。

柳　自分が親になってみると、父親には父親の、母親には母親の事情があったことが解るわけで……。

長谷川　事情？　ちっちゃな子どもにとって、大人の事情なんて関係ないですよ。ちっちゃな子どもに、大人の事情を察しろって、そんなことを言えるの？　物心つくかつかないかの女の子に、事情をきちんと考えて、母親のフォローをすべきだって？　マインドコントロールされている、洗脳されている……（沈黙）……ここで沈黙、困るでしょ？　今の沈黙。

柳　あ、今、何も考えてなかった……。

長谷川　思考がパタンと落ちてしまったね。このへんの話題、深みに近づいてくると……。

（六七〜七三ページ）

自分の否認感情を言葉にして表現していた柳さんは、自分の虐待経験を指摘されたとたん、それまでの客観性がなくなって思考自体が止まってしまったのです。このエピソードは、否認の感情が相当強いことを物語っています。

柳さんが母親から受けていたのは、あきらかに虐待です。一方で柳さんは母親の高い期待を一身に受けているという立場でもありました。この角度だけから見れば、柳さんの母親は「教育熱心な親」です。周囲からはそのようにしか見えないたくさんの親子が存在しています。「教育熱心な親御さんと、よく勉強するお子さん」。好ましい存在として、もしかしたら羨望の対象として見られているかもしれません。

しかし、そんな家族の実態は、そうでないことが往々にしてあるのです。そして、そのことは「家族の秘密」とされている。まさに『ファミリー・シークレット』です。柳さん自身には、「お母さんから虐待されている」という認識もまったくありませんでした。

柳さんにはもうひとつの否認感情がありました。虐待されて育った柳さんには、「自分は愛されている」という認識がなかったのです。「自分は愛されておらず、必要とされていない」と思いこんで育ってきたのです。

そこに、幼い柳さんの無理な合理化がありました。

「お母さんはかわいそう」

柳さんはそう思っていましたが、お母さんは柳さんに虐待をする。自分が愛情を寄せている相手から、実は自分が虐げられていた。それは無意識のうちに幼い柳さんに伝わっていました。

そして、「いやだ」という感情が行き場をなくしたとき、行動化が起きたのです。

母性がわからない

三十年近くたって、カウンセリングの場で私に「理想のお父さん、お母さんのもとで、あなたはどんな風に育ちたかったんだろう？」と問われて、柳さんはこう途方に暮れることになります。

柳　理想が、描けない……。

（一五九ページ）

柳さんの母親が娘にとってきた態度は、母性的なものではありませんでした。私の前著『お母さんはしつけをしないで』でも触れましたが、「母性とは生まれながらに備わっているものだ」という思い込みが、社会全体にあります。これを「母性神話」と呼びますが、それは間違いだというのが、心理学の常識です。現在では、「母性」というものは、プロクラチンとオキシトシンというホルモンの分泌の働きと、学習によって育まれるものだということがわかっています。母から子へ愛情が注がれること、まさにこのことが学習なのです。

それを十分に受けとることのできなかった柳さんは、子どものうちに大人の視点を身につけざるをえませんでした。近所の一見幸せそうな家庭の中にDVがあるのを見て、「どんなに幸せそうに見える家庭の中にも不幸はあるんだ」と解釈しています。それは大人びた年齢不相応な合理化ですが、ある意味で、これが「作家柳美里の原形」だと評価することも可能でしょう。

では、お母さんはどうしてそういう態度を柳さんに対してとっていたのでしょうか。カウンセリングでは、本人、母親、父親……と家族をひとつのシステムとして理解します。家族はそれぞれの役割を果たしながら補完し合う性質がある（第4章参照）ので、ある特定の「犯人捜し」をするようなことはありません。特に夫婦関係は、双方向的関係性であり、写真でいえばネガとポジの関係。そして、子どもを含めた家族全員がお互いに影響し合って「家族のパターン」ができるのです。カウンセリングはその関係を明らかにしていきます。

柳さんの両親は、母親が家を出て、他の男性と同棲を始めることで別居に至ります。家族はふたつに解体するかのように見えますが、実はそうではありません。「解体」とは完全に関係が解消することですが、夫婦は互いに行き来を続けています。ばらばらになったまま、お互いに影響し合うことが続いているのです。このようなカップルはほかにもたくさん見られます。両親の、お互いの「共依存性」が出来上がっているからです。

「なんで、わたしを産んだの？」「わたしなんて、産まなきゃよかったのに！」

（一六四ページ）

いっぱいの自己否定感を抱えて十五歳で家を出た柳美里さんは、一見自由を獲得したかのように見えました。しかし、実際には、虐待の事実を整理できないままだったので、否認と合理化がどんどん強化されていくのです。

そして柳さんは親となりました。息子さんが成長するにつれてどう向き合うか、苦しみ悩むことになるのです。

自己を愛せない人の危険性

虐待されて育ってきた柳美里さんには、自分へのいたわり、慈しみといった感情が存在していませんでした。自己評価が低いため、抑えきれない自分の怒りが外へあふれ出している状態です。それを「行動化」といいます（第3章）。

両親からの虐待だけでなく、幼い頃、近所の大人に性的な虐待を受けていた柳さんは、小学生の頃から、自覚的にされやすい状況に身を置いて、あえて痴漢に遭うようにしていたといいます。これは、自ら、自分の価値を落とす行為だと解釈されます。家庭内で自分が貶《おとし》められることがあまりにも日常化していたので、外でもそれを再現することが、柳さん自身の心の安定につながっていたのです。

性的な虐待は、他人から自分の価値を貶められるものとしては決定的です。被害者はおしなべて、自分の評価が低くなります。これを幼少の頃に体験すると、思春期以降、リストカットや、無意識状態になって、家に帰ってくると手足が血だらけになるなどの解離状態にしばしば陥ってしまう人がたくさんいます。

私のカウンセリングの経験でも、やはり幼い頃、性犯罪の被害に遭ったことで母親から拒絶されていた女性が、思春期以後、痴漢に遭っても「自分が被害者だと思わない」と話したことがありました。通学のときにもいつも同じ人がついてきて、手を伸ばしてくるのですが、痴漢に遭っている最中も、人に助けを求めることなく、そのままにしているというのです。彼女はこう言いました。「痴漢さんに申し訳ないと思ったから」。「〝やめて〟とか言ったほうがいいんじゃないの」と私がたずねると、「私の勘違いだったら、その人に申し訳ないですから」と答えるのです。

柳さんの例を含めて、このような対応をとってしまう人は、話をよく聞いてみると、母親の母性性が非常に乏しかったという共通項があります。自分がいま被害に遭っている、辱めを受けているという問題よりも、相手への配慮を優先してしまう。それは、「自分が母親から拒絶された」という原体験がそうさせているのです。これはまさに、アリス・ミラー（フランスの精神分析家）のいう「魂の殺人」だといえるでしょう。

虐待の被害者全員が、いままで見てきたような「社会的な自殺行為」に走るわけではありません。中にはうまく適応できている人もいます。しかし、その当時の感情が「潜伏している」という危険があります。そして、自分が親になったときに子どもに危険が及んだり、「きれいな虐待」、つまり教育という名を借りての、優等生を作り出すための攻撃を始めることが多いのです。時空を超えて、わが子に行動化するのです。

鳥を飼うことは自殺行為

柳美里さんが育った家庭には、父親の手で犬や小鳥などの小動物が多数持ちこまれていました。鳥や小動物を飼うことは、情操を高める効果があるので、子どもには基本的に好ましい影響があります。しかし柳さんは、父親が家に持ちこんだあとのことを気にしないことをいいことに、その目を盗んでは鳥を殺したり、うさぎを傷つけたりしていました。これは、「かたちを変えた自殺」だと解釈できます。鳥や動物を柳さん自身だと解釈しているのです。

ところが、大人になってからも、柳さんは気分が高揚すると、生き物を飼うことをくり返しました。彼女は、「鳥と遊んでいるときが落ち着く」といいますが、生き物を飼ったりするのは、個人内にたまったエネルギーの処理だといえます。そのほか、身体をこわすまでスポーツに傾倒するなど、柳さんの行動は「背負いこむ」、「自分に鞭打つ」ことになるのが特徴です。「育てる・はぐくむということが、自分にとって荷物を背負っていくことになる」というパターンは、ある意味で自虐的です。

注目すべきは、いまにいたるも柳さんが、子どもの頃の自分の象徴であった鳥などの小動物を飼うことに執着しているという点です。これは虐待の「刷り込み」が、いかに人に影響を与えるものかを示しています。大人になってからも小動物が自分の投影であるという位置づけは変わらず、だから柳さんは生き物を飼い続け、それが死んだりすると激しく動揺することをくり返すのです。

これらがカウンセリングでつながって見えてきた、柳さんの全体像です。

虐待は連鎖する。柳さんの場合も、残念ながら、そうなのだと言わざるをえません。

「ごっこ」に居心地のよさを見つける親子

柳さんと息子さんは、奇妙な「ごっこ遊び」で結ばれていました。それは「ランヤ」という、知らない人には何のことだかわからない名前がついていました。

息子さんは五歳のときから洋蘭が好きで、株分けなどで蘭を増やす技術を磨き、『趣味の園芸』のテキストを定期購読したり、「世界らん展」には必ず出かけるほど、蘭に没頭していました。この「ランヤ」とは、おそらく「蘭屋」の意味なのでしょう。

息子さんは幼稚園の頃から「ランヤ」を名乗りはじめたといいます。ランヤの組織はどんどん細分化され、本部、通信部、印刷部、旅行部、捜査部、野外研究部、実験部、調理部……などとどんどん増え、ＩＤカードや「ランヤニュース」という新聞まで発行されているというのです。

柳さんは最初、「子どものごっこ遊び」と軽く考えて、ランヤごっこに参加してきましたが、あるとき「もう、閉店したほうがいいんじゃないかな」と、ごっこ遊びの「解消」を提案します。すると息子さんは学校で「ランヤは永久に不滅です」という作文を書いて提出するという抵抗に出たのだというのです。

「ランヤ」というごっこ遊びの枠の中で柳さんと息子さんが関係する分には、衝突は起こりません。息子さんは傷つく体験をしなくてすみますし、実は柳さんも、それに「心地よさ」を感じています。「ランヤ」をやっているときだけは、自分が怒鳴ったり、殴ったりしなくてすむ、あとで自己嫌悪にさいなまれるような体験はしなくてすむ、ということを柳さん自身も感じているからです。

このことをどう考えたらいいのでしょうか。

私は、ここに息子さんの「知恵」を感じます。「そうすると関係がうまくいく」。つまり、母子直接対決を回避するための知恵です。これに乗ると、親（＝柳さん）にとってもストレスが小さいので、「これは本当の母子関係ではない」と思いながらも、それに甘んじているというものです。

もちろん「明らかに問題だ」とは言えないですし、危険だとも思いませんが、私は、「ランヤごっこ」は望ましい親子関係であるとは思いません。なぜなら、それは子どもがストレスを引き受けるかたちで親子の関係性が成立している関係だからです。つまり、親の期待を先取りして、子どもが立ち回る関係になっているのです（第4章）。「ランヤ」のように、子ども側の発案でこのようなかたちになるのは珍しいかもしれません。これと同じ関係性でもっとポピュラーなのは、「子どもの問題行動を親が指摘することがくり返される」ことです。そのことについて、少し詳しく考えてみましょう。

「嘘つき」と「ランヤ」は同じ

柳さんが息子さんについて悩んでいる「なぜ、嘘をつくのか」ということ、それから、息子さんが「ランヤ」というごっこ遊びになぜこだわっているのか、ということ。これらふたつの本質は一緒です。それぞれの現象に対する大人の評価が違うだけにすぎません。「ランヤ」と何が同じなのか。柳さんのブログが炎上するきっかけとなった、息子さんが、取材で泊まったホテルで柳さんのペンケースを「なくした」と言って、柳さんたちを振り回し、柳さんがホテルのフロントで息子さんの頰を平手で打った事件（三〇ページ）では、息子さんは自分の髪を切る自傷行為を柳さんにとがめられ、「ペンケースに入っていたはさみを使った」とまったく事実と異なる言い訳をすることによって、母親にとって「嘘をついてはいけない」という「弱点」を突いています。

ここを突けば、必ず母親に怒られる。――つまり、息子さんは家族の中で「役割」を演じているのです。それによって、家族の人間関係を維持させている。息子さんにそんな能動性が感じられることは、この章を読んだ読者にはおわかりいただけるのではないでしょうか。

子どもがいつも家庭の中で小さな問題行動を起こす。「どうしてあんたはいつもそうなの！」と親が怒鳴る。家庭や学校での子どもの不始末を親がなじる。「いつものことだ」「この子はまた……」という「回路」が作られることで、親子の間が奇妙なかたちで安定する瞬間が訪れるのです。中には同じ状況のもと、大人にほめられる――それは、あくまでも大人のフィルターのかかった評価で、子どもにとって価値が固まったことではないのですが――ことをくり返す子どももいますが、数からいえば、問題を起こすと大人に認識される子どもよりは少ないのです。親の評価にかなうようなかたちで関係を固定化させている、ということにおいて、親にとって「よい」ことでも「悪い」ことでも、構造上は同じだというところに注意が必要です。ですから、「よいことばかりをする」子どもについても、一応家族関係を疑ってみる必要はあります。

柳さんは、なぜ息子さんの「嘘」が一番疳《かん》にさわるのでしょうか？

それは、柳さん自身が「嘘」に生きているからです。

柳さんによる、息子さんへの虐待は、自分の嘘を否認する心の働きです。自分自身が、自分の真実の感情を見ようとしない嘘の中に生きている。親の、否認と合理化をくり返す環の中に入ってしまった息子さんは、母親に嘘をつき続けるしかなくなります。それも、いかにもとってつけたような嘘をつき、嘘を嘘で塗り替えるような嘘をつくことになりました。息子さんはそのことで、まさに柳さんの「弱点」を突いているのです。柳さんはそれに対して合理化を行ない、「直さなければいけない」と躍起になっています。先に紹介した「ペンケースをなくしたエピソード」、中盤の「万引きのエピソード」（一三四ページ）には、そのことが実によく描写されています。息子さんのふるまいは、母親の心の状態を映している「鏡」にほかなりません。

柳さんは、息子さんの行為に「カッとなって」、虐待します。その瞬間は、「息子が、自分が一番してはいけないことだと思う価値を踏みにじるように嘘をついている。だから、親として厳しくしなければならない」という合理化モードに入っているので、暴力を振るっていることに気がつきませんが、虐待が終わればすぐ、代わって罪悪感が襲ってくることになるのです。柳さんの立場から見れば、主観と客観の入れ替わりが起きている、というわけです。

もう一歩踏みこんでいえば、これは柳さんの文学の「作風」、そしてものを書く意味にも影響を与えている可能性があります。柳さんにとって小説――つまりフィクションを書くということは、柳さんの中の主観世界と客観世界を置き換える作業であるともとれます。柳さんは小説を書くという行為に、あふれ出てくるエネルギーを消費する方法を見つけたのでしょう。その中に私小説、つまりノンフィクションともとれる部分が重要なキーとして入っているのは、柳さん自身がどのように成り立っているのか、ということと無縁ではありません。柳さんご本人が、そのことを感じて悶々とした結果、柳美里文学が生み出されていると分析することも可能かもしれません。

少々厳しい言い方をするのを許していただければ、しかし柳さんが嘘をついている対象は、虚構の小説の世界であると同時に、現実の世界、現実の家族の中にもあります。息子さんの嘘は、母親の「嘘性の否認」を見据えているからこそなのです。

それを受けて、それが正しいかどうかわからないけれど、息子さんは家族を機能させようと動いている。実は柳さんの息子さんが「すごい」ところはここなのです。

このような関係性は、親だけに原因があると責めるよりも、親を取り巻く複雑な圧力による要素が大きいと私は考えています。その意味では、親がひとりで、あるいは家族だけで解決するのは難しく、さかのぼって親がどう育ってきたかを見据える必要があるともいえます。そのためには、「気づき」が必要です。

学校で問題を起こす子のサイン

「息子が学校で問題を起こしている」と柳さんは訴えました。私は、「それは、子どもの〝訴え〟だから、その本質を見失ってはいけない」と話しました。柳さんは、それに対してこう反駁《はんばく》します。

柳　でも学校としてはすごく困っているというか、たとえば、みんなが大事に育てている畑の作物を引き抜くとか、器物を破損するとか、窓から墨汁を流して校舎の壁を汚すなどという事件を絶え間なく起こしているんですよ。

（六八ページ）

これは柳さんによる、息子さんをとがめるための「正当化」ですが、柳さんは正当化のために見落としていることがあります。学校で「問題児」にされる。こういう環境を、子どもが自ら作っている意味です。息子さんのその行為は、学校の教師に対して、家庭の問題のＳＯＳを出しているということになります（第６章）。かりに学校で教師がそれに気づき、スクールカウンセラーに橋渡しされ、カウンセラーが親に会ってメッセージを伝える。親がまず「戸惑う」ことができれば、「回復」への道が開かれます。

しかし、現在の学校や教師は、「モンスターペアレント」（第5章）など、かつては学校の役割ではないことでも対応しなければならないことをあまりにも抱えこみすぎています。そのことを考えると気持ちが暗くなります。

次章では、引き続いて柳さんのカウンセリングを主に追いながら、カウンセラーが親子の関係をどうときほぐしていくかを見ていきます。

第8章 ＊ 柳美里さんのカウンセリング2 「生き直し」とカウンセラーの眼

自覚のない、母親からの「虐待の世代連鎖」

柳美里さんと何回か面接を重ねて、カウンセリングが進んでいきました。

カウンセリングに臨む柳さんの態度は、自分の行為を「否認し、合理化しているけど、その一方で、とりつくろうような態度にも出ない」ものでした。私の前での柳さんは、息子さんに対しているような厳しさが態度に出ませんでした。ほかの人の前でもそうなのでしょう。柳さんは息子さんの前では、カッとなってしまって自動的に合理化モードに入るのですが、そこを離れた瞬間に、「自分を何とかしたい」という思いにさいなまれている人なのだと感じました。

そのこと自体、柳さん自身のSOS、それも「だれか聞いて！」という強いメッセージが発せられていることを示しています。しかし、実際に柳さんと向かい合うと、彼女の表情や態度には否認のほうが前面に出されています。率直に向かい合おうとするのだけれど、ベールの下の素顔は見せたくない……。そういう心の動きが、よく見えるのです。

いくつか角度を変えて質問してみましたが、柳さんは自ら受けた虐待に伴うはずの気持ちが「取り出せない」状態になっていて、それをしようとする試みに対して、強い否認が働いているようだと感じました。

しかし、ある「サイン」に私は気がつきました。

柳さんの表情に変化は見られませんでしたが、手が動いていたのです。柳さんの左手の爪が、無意識のうちに右手をつねったり、つついたりしており、話しているうちにも、その攻撃がますます激しくなっていくのです。

「その手には乗らない」防衛機制

柳美里さんが苦しむ否認と合理化は、「防衛機制」と呼ばれています。ひとことで言うならば「叱られる、嫌われる」ことの回避です。相手に悪意があると思いこみ、その一挙手一投足に悪意を読みとり、「その手には乗らない」と常に構えている状態です。想像がつくと思いますが、これは本人にとってかなりのストレスになります。

私のゼミの男子学生で、何かというと、「すみません」と言う子がいました。嫌われることにおびえ、「先に謝ってしまえばいい」という機制がそうさせているのです。しかし、本当に謝らなければならない場合でないのに謝罪の言葉をくり返していると、他人からは誠意を疑われることにもなりかねませんね。

このようなとき、カウンセリングの出番となります。

アプローチにはいろいろやり方がありますが、私は行動療法の考え方を取り入れた「負の強化」を与えてみることにしました。私は彼にこう言いました。

「もし、必要もないのに〝すみません〟と言ったら、君が私の腕に〝しっぺ〟をするんだ」

つまり、「罰」として、本人がしたくないことをやらせるのですが、普通考えるのは、彼が自身の腕に「しっぺ」するか、私が処罰者として、彼の腕に「しっぺ」するということですね。しかし、それでは「自分を罰する」という、もともとの彼の機制を強化することになり、自分の腕をしっぺすることに「ハマって」しまい、「すみません」のくせは改善しません。逆効果です。本来まったく関係ない、自虐的な彼が一番したくない行為、つまり他者である私の腕をしっぺする、という提案にポイントがあるのです。

かたちを変えて広がるリストカット

この「自分にしっぺをする」行為は、女子に圧倒的に多いリストカットに似ています。「自傷行為」と呼ばれるように、自己処罰的な性格をもっているのです。

ここ十年ほどで、「手首を切る」リストカットは圧倒的に世の中に知られるようになりました。しかし最近、「かたちを変えたリストカット」が増えています。

彼女たちの手を見れば、そのことがよくわかります。たとえば、手の荒れやささくれ、やけどの跡や、ぶつけたあざや傷を気にしない、など。それだけではなく、アルバイトを過剰に入れたり、予定をぎっしり入れるというかたちで症状が表れることもあります。つまり、自傷行為は、リストカットだけではなくなり、その表れ方が幅広くなっているのです。スケジュールが詰まっていることと、リストカットとを同じだととらえ、「その子の危機」とを結びつける。その見定めは非常に難しいことだと思いますが、現象と原因の関係を見据えることが大切なのです。

そこに共通しているのは、子どもたちの「自己評価の低さ」です。

「私は汚い人間なんです」「嫌な人間なんです」。いつもにこにこしていて、みんなの人気者である学生が私にこう告白しました。私は、授業中に彼女が、着ているシャツを無意識で親指で引っかけながら授業を受けていたのに気がつきました。そこで私は、授業のあとに彼女を呼び出して、一言、「話していいよ」とだけ言ったのです。

すると彼女の一言目はこうでした。「すみません」。「謝る必要はないよ。精いっぱいなんでしょ？　わかってる」。彼女は泣きだしました。彼女のふだんの姿は、にこにこしてみんなの人気者、勉強もまじめにやる。しかし、あなたの心は輝いている、と、光り輝いている面をほめられると、むきになって否定するのです。「私は汚い人間なんです」と。これも、かたちを変えた「自分にしっぺ」「リストカット」です。

なぜこういうことになるのでしょうか。自分の本当の姿を受け入れてもらえず、期待ばかりが高い……親をはじめとする外からの「光」を求める包囲網が、自身の「光」を埋没・否認させ、侵入してきた「自分はいけない人間なんだ」という「影」の心の動きが、自分を処罰する方向となって表れているのです。

無意識にはたらきかけるカウンセリング

私のカウンセリングは、これらの「合理化」と「否認」を解いていく作業です。それは、自らの過去と、家族の秘密に触れていくことになるのですが、ここでぶつかるのは、「家族の秘密を話す」ことと「自分の過去に向き合う」ということに対するクライエントの「否認の壁」です。

意外に思われるかもしれませんが、家族の秘密を話すほうがたやすいものです。家族の秘密を暴露されたくないというのは浅い否認で、自分の過去に向き合いたくない、というのが深い否認にあたります。『ファミリー・シークレット』で、カウンセリングの過程を追っていただくと、柳美里さんは、家族の秘密については比較的すらすらと話していますが、自らの過去については否認の働きが強固で、その記憶はまったく混乱していることがわかります。

カウンセラーはそれらをどう見据え、働きかけていくのでしょうか。

カウンセリングでは、「無意識」に注目します。

たとえば、母親と二十代の娘のカウンセリングをしていたときのことです。母親だけが延々と話し続けるので、私は「ちょっと待ってください」と母親をさえぎり、娘に話すよう促しました。娘が話している間、母は窓の外を見ています。「お母さん、どうでしたか？」娘の話が一段落したので、私が母親に問いかけると、母親はこう答えました。

「いや、聞いていませんでした」

つまり、この母親には、娘が何か話そうとすると、それを意識からシャットアウトするという機制が働いているのです。

また、両親と子ども三人の家族五人を、一緒にカウンセリングしていたときのことです。ひとりひとり独立した椅子に腰掛けていたのですが、母親は子どものひとりにべったりとくっついていました。これも無意識の表れです。

このようにカウンセリングでは、無意識でやっていることを話題に出して、気づいてもらう。「なぜ、娘さんの話を聞くことができないのでしょうか」「なぜ、そういう座り方をしているのでしょうか」。そのあたりから気づいてもらうのです。「はい」と言いながら首を横に振る子の話をご紹介しました（本書二四ページ）。これも無意識のメッセージです。カウンセラーは、言葉だけではない、クライエント自身も気づいていないメッセージを酌み取って代弁してあげるのです。

この子が、私にそのことを指摘されて大泣きしたことはすでに書きましたが、この「無意識のはたらき」について指摘すると、「どうしてこういうときに……」と、笑いながら涙をこぼす人が多いのです。

「哀しみのときに涙が流れる」ことで人は変わっていくのです。よく理想の人格のようにいわれる「常に、にこにこしている人」を、私は疑っています。

現実から離れていく、父親の「あるべき姿」

親と子を同時にカウンセリングすることはよくあります。柳美里さんは、父親を交えてのカウンセリングを希望されました。

柳さんの父親との面接は、ある意味で大変壮絶なものでした。『ファミリー・シークレット』に、面接の詳しい逐語録が掲載されています（二二九～二七九ページ）。

最初、「お父さん」と呼びかけた私に対して握手を求めてきた父親ですが、面接を始めてすぐ、「ものすごい人だ」と感じました。とにかく「機制」が幾重にも張りめぐらされているのです。お父さんはカウンセリングの場で、自分の心のあり方は「唯心」、すなわち「心がすべての生き方」をしてきた、と強調していました。しかし、話が美里さんの母親のことになったとき、まったく正反対の言葉が次々と飛び出したのです。父親の話では、母親（妻）から次々に高価なものをねだられたと、「ミンクのコート」「赤いシビック」など、モノの名前や、「四千五百万円のローン」「一億五千万円のビル」などの金額が、たくさんたくさん出てきます。

父親自身の、自分のとらえ方にも不思議なところがあります。心を大切にすると言いながら、自身もブランドものに凝るなど、行動原理は明らかにモノ主体です。理想と現実とのギャップが大きく、それに対する否認と合理化が強いという印象を受けました。

父親の話は、途中から合理化のオンパレードになり、とめどなく続きます。聞いていて、とても止められない、止めるのはかわいそうという気持ちが働きました。自分を壊さないために一生懸命で、カウンセリングに臨むことが精神的に負担だったのでしょう。そう考えると、最初、こちらに握手を求めてきたのもピンと来ます。私を「原始的理想化」していたのです。これは、乳幼児が親を無条件に「よい対象」として認識する心のはたらきです。カウンセリングという場における否認と合理化に、その機制も密接に関連して表現されていたのだと思います。

父親の話から浮かび上がってくるのは、「こうとはっきりしておかないと、不安でしかたがない」という強い思いです。これも「機制」と言っても差し支えないかもしれません。

自らの「枠組み」を作って、シロならシロ、クロならクロとしないと不安なのです。そして行動でメリハリをつけようとします。

私は柳さんと父親との直接対話を促したのですが、彼は、カウンセリングの場ではついに柳さんと直接話そうとはしませんでした。

父親が恐れているのは、「論理的破綻」でした。彼は「言葉の信奉者」です。絶対に自分の論理が破れないように言葉を使います。しかし、実のところは破綻しているのです。

柳さんが家出をして、一時的に行方がわからなくなったときに、父親は、飾ってあった家族の写真から柳さんの写真だけを外しました。当の柳さんは、間もなく帰ってきて写真を外されたことに気づき、父親の冷酷さの表れとして受け止めます（二一三〜二一四ページ）。

しかし、本当の父親のその時の気持ちは、不安でしかたがないのです。「もし、命が大変なことになっていたら」。しかし、それを打ち消すために「ないならないでいい」と考えてしまう。そして、行動に出てしまうのです。そのような態度はえてして誤解されますし、柳さんにも真意は伝わっていませんでした。

父親の話はいつか「対話」ではなく「演説」になっていました。演説は一方向しかないコミュニケーションです。そこには、父親自身の過去を否認したいという強い思いがあり、その思いが現実と融合してしまっているという、別の意味での重苦しさがあります。

しかし同時に、その話し方には自分の話について確認の「合いの手」を求めていることがわかります。それは「つながりたい」願望の表れです。つまり、演説も家族の相互作用の結果であり、結局は父親の、社会と家族につながりたいという願望の表れだったのです。

私はカウンセリング中に、柳さんにそのことを、それとなく示唆しました。しかし、柳さんがそれに気づいたかどうかは、よくわかりません。柳さんの表情には、ほとんど変化が見られませんでした。

柳さんにとっては非現実的な話をとうとうと述べる父親にしびれを切らした柳さんは、ついに、「現実は違う」と指摘したのでした。「博打の話が出てこない」（二五三ページ）。

家族の秘密がもたらした悲惨な事件

柳美里さんの家族がそうであったように、家族には大なり小なり「秘密」があるものです。しかし、「秘密」が秘密のまま、それも一方的に子どもに負担がかかるようになってしまうと、破滅的な結末をもたらすことがあります。少し柳さんのカウンセリングから離れて、私が心理鑑定を担当した事件を見てみましょう。

二十代後半の男性が、深夜、母親と一緒にお酒を飲んで自宅に帰る途中で、すれ違った自転車の女性をかわいいなと思って声をかけたのがきっかけで事件は起きました。起訴された罪名は強姦致傷でした。

その男性は、面会に来た弁護士に対して、過去に性的ないたずらをされていたと打ち明けました。そのことを人に話すのは、これが初めてだというのです。

男性が幼稚園の年長のときに母親が再婚し、義理の父親の連れ子がふたり兄弟関係になりました。上は中二、下は小学高学年で、どちらも年上です。ところが、男性が小学校に入るか入らないうちから、長兄からいたずらをされるようになりました。最初は自慰行為を目の前で見せられ、しばらくすると夜、並んで寝ているときに、長兄から服を脱がされ、全身や性器を舐められました、そのうちに、長兄の性器を舐めることを強要され、風呂に入るときにも舐められたり、肛門に指を挿入されたりしました。さらに次兄からも同じ事をされるようになり、このような性的虐待が、六年間、数百回にわたって行なわれていたのです。

行為をされているとき、本人は寝たふりをしてやりすごしていました。母親も同じ部屋に寝ていたのですが、気づかなかったというのです。男性は、自分が被害に遭っていることを、母親に言わなかったのです。

なぜでしょうか。母親は、家族の中で唯一本人と血がつながっている存在で、同時に暴力を振るう義父の被害者でもありました。そんな母親に心配をかけたくないという思いが大きかったから、というのです。

私は拘置所で本人と面会し、「今日、あなたが話したことをお母さんに伝えたほうがいい」とすすめましたが、彼は、「絶対いやだ」と拒みました。

彼は、性的虐待を受けていたときに防衛機制を働かせていました。過酷な現実から目をそらして、空想していたのです。その中身は、自分が誰かに刃物でめった突きにされて殺されている、そして自分が動物を殺すことを空想する、という、いま自分がされている行為よりもさらに戦慄的なものだったのです。そうすることでしか、彼は気をまぎらわせることができませんでした。単に否認することができず、空想で極度の合理化をするしかなかったのです。「自分は性の犠牲者じゃない」と。

大人になってからの彼は温厚で、人見知りもあって、気軽に女性に声をかけられる性格ではなかったのですが、事件当日は、母親と酒を飲みに行った店におかみ目当ての常連客の男性が来て、おかみといちゃいちゃしていました。それに対して彼は、強い憤りを感じたのだといいます。これは幼児期から性的虐待を受け続けたことから、性に対して嫌悪感をもっていた表れです。店の中で母親と話しながら、ふたりがその後もつであろう関係を思って憤りの感情が起きました。その瞬間、「自分がめった突きにされている」空想がよみがえったというのです。

彼が、そんな特殊モードの中で帰路についた時に、事件は起きました。

この裁判は裁判員裁判となりました。弁護士が奮闘し、彼を刑務所に入れるよりも、心理療法の効果が期待できる、社会内での処遇（つまり、執行猶予にする代わりに治療を受けさせ、それをしっかり見守る態勢を作るというもの）が望ましいと主張しました。情状証人として施設の人も証言台に立ち、男性をサポートできると証言したのですが、結局、実刑判決が出されました。

男性は、判決にショックを受けていました。公判で市民の中から選ばれた裁判員の中からは、「都合のいい嘘を言っている」と男性を非難する発言が出たりもしましたが、母親に言いたくない心理とあの虐待の耐え方を考えると、彼の言っていることは本当だろうと、私は専門家として考えます。

ほかにも成人の性犯罪で、こういう例がありました。母ひとり男の子ひとりの家庭で、子どもはひとりで仕事に出て行く母親が心配でしょうがないのだけれど、寂しさを我慢して留守番をしていました。その彼は、大人になってから一二〇件の性犯罪を起こした容疑で逮捕されました。私は母親とも話しましたが、手間がかかる子ではなかった、家を出るときもおとなしく勉強していたというばかりです。その男性は、大人になってからも母親には自分の寂しい気持ちを打ち明けませんでした。彼は性犯罪を犯して何度も刑務所に入っているのに、逮捕されるたびに、「絶対にもうしない」と誓うのです。私が最初に面会したときにも、「母親にだけは心配はかけたくない、ひとかどの人間になって、母を養っていきたい」と真顔で言いました。これも、子どもの頃義理の兄たちにいたずらされていた男性とよく似ている構造なのです。

このような事件に対して、社会の態度は概して厳しいと言っていいでしょう。二〇〇九年に始まった裁判員裁判では、従来の裁判官のみによる裁判に比べて、性犯罪では量刑が重くなる傾向にあります。私も実際に証言台に立って、裁判員の説得は大変だと実感しました。刑務所に入れ、刑務作業という労働をさせて主に反省をさせる行刑と、たとえば少年院が典型ですが、自分の問題点をあきらかにして、改善を図る教育を受けさせることを目的にする矯正との違いが、世の中にまったく知られていないし、裁判員にも理解されていないとつくづく感じました。それが、単純に厳罰化を求める世論につながっているのではないかと思います。その底流に流れる「家族の秘密」という病理については、まったくかえりみられることはないのです。

しかしそれだけでは、家族や、本書で取りあげてきた「重い子ども」の問題は何も解決しません。社会的に何も手がつけられていないのですから、今後も大きな事件が起こるだろうということは、たやすく予想できるのです。

カウンセラーの「はたらきかける」戦略

柳さんが私と初めて会ったときの最初の質問を思い起こしてみましょう。

「先生は、常識的に物事を考えますか」

これは、実のところ、これからカウンセリングを受けようとする人は大なり小なり考えていることなのではないでしょうか。「虐待してはいけない」というのは、誰がどう考えても常識です。自分はそれに反している、という後ろめたさもあったのでしょう。

柳さんは、ご自分の生まれ育った環境をテーマにした小説をいくつか書いておられますが、書き物というのは、あくまで間接的表現で、書き手のコントロールでどうにでも変わるものです。直接自分の内面を見ていく経験はおそらく初めてのことで、決心が必要だったと思うのですが、それにあたって、二重三重の確認をしたいのでしょう。

これから話す相手が、本当に信頼に足る相手なのか。自分の、自分の家族の「秘密」を打ち明けてもいい相手なのかどうか——ということも。当然ながら、カウンセラーを「試したい」と思っているはずです。

「何を話してくれるのかな？　何が出てくるのかな？」

それに対して、私がこんなふうに待っているということは、前章で紹介しました。そして、クライエントが出してくれた材料、話してくれたことをじっくり分析するのです。クライエントは、どういう悲しみや嘆きをもっているのか……そこには、必ず意味があるはずなのです。

人間の心理をどうとらえるか、ということはカウンセリングの基本です。心理観は「生まれ持っての気質・性格によるもので、簡単には変えられない」という古典的な考え方から、「それに気づくこと」「どうしたら、いままでの考え方に従った対応から抜け出せるか」というふうに変わってきました。カウンセラーは主に、クライエントが気づき、自分の思考の固定されたルートを変えていこうとする心のはたらきを支えていくのが役割となります。

カウンセラーが具体的にどう働きかけるか、それはクライエントの投げかけてきたものによって決まってきます。

たとえば、私は八十七歳のおばあちゃんのカウンセリングをしたことがありました。彼女は、こう主張します。

「女は苦労して犠牲になるものだ。私はそれでも幸せだった」

そこで、私はこう言いました。

「おばあちゃん、私にはあなたのそばに泣いているおばあちゃんの姿が見えるんですよ。えんえん泣いている」

すると、おばあちゃんは激しく動揺しはじめました。

クライエントの「認知」に対して、カウンセラーはいろいろな技法をとります。たとえば、認知行動療法というカウンセリング技法を開発したアルバート・エリスは、「ABCDモデル」を提唱しました。A（Activating Event）は「きっかけとなる客観的な出来事や対人コミュニケーション、外部環境」で、たとえば柳さんの虐待ならば、「息子さんの嘘」がこれに当たります。B（Brief）は、「客観的な外部の出来事（事象）や人間関係をどのように受け止めるのかという信念、認知、考え方」のことを指し、柳さんの「また嘘をついている。許せない」という認知を示します。C（Consequence）は、「個人に特徴的な認知や信念、思考によって発生した結果としての感情・気分」を指し、たとえば「息子を叩いてしまった。でも、嘘をつくのは一番よくないこと」という正当化のようなことです。D（Dispute）は、「さまざまな心理的問題や不適応状態を生み出す非合理的な信念に対する、論理的な反論や有効な反駁」を指します。

この部分をカウンセラーが受けもつ場合があります。先ほどのおばあちゃんの場合は、彼女のABCの「いつもの考え方」に対して、私が「その考え方に取り残されているあなたの感情がある」と反駁を加えてみたものです。また、柳さんの父親のカウンセリングでも、私はお父さんに対して反駁しています。「だけど、唯心論だとしたら、契約よりもこころのほうを重んじるんじゃないでしょうか？」（二四二ページ）

柳美里さんご本人へのカウンセリングでは、私は基本的に柳さんの訴えに「どういうことなんだろう」と寄り添って手助けするかたちをとっており、反駁はしていません。つまり、Dは柳さん自身が発見できるように期待したのです。それに対して、柳さんの父親は、カウンセリングに自分の認知を持ちこんで来られました。つまり、自分の認識をカウンセリングの場で押し通そうとしたのです。否認の機制です。

そこで、私は父親のABCに「乗った」のです。私が柳さんと父親とで、対応を変えていることが、『ファミリー・シークレット』を注意深く読んでいただければおわかりになると思います。私は、「お父さんはこう言っているけれど、実際は違うんじゃないですか？」などと、反駁をいくつも加えています。

これらの認知的なやりとりが得意でない人に対しては、行動を促すことで気づきを呼ぶ手法があります。「こうしてみてください」「次までにこういうことをしてきてください」という具合に、「宿題を出す」というかたちで仕掛けることもあります。これらの手法をとりながら、エリスのいうABCDEの「E」にもちこんでいくのです。

E（Effective New Belief, Effective New Philosophy）は、気分の落ち込みや感情の悪化などの問題を未然に予防できる、効果的な新しい信念のことを指します。いままでの人生がABCのくり返しだとしたら、Dをきっかけに、行動様式をEに切り替えてみる。そうして、新しい行動パターンをくり返すことにより、いままでの否定的感情を切り離して気分のよくなる体験が得られるようになれば、認知行動療法——すなわち、カウンセリングとしてはうまくいったということになります。

「夢を見る」とはどういうことか

では、柳さんに「E」の段階まで行ってもらうための戦略をお話ししましょう。

カウンセリングを行なうにあたって、私は、柳さんの「セルフ」に呼びかけることにしました。

セルフ（自己）とは、人の意識と無意識の両方を合わせた、精神全体の中心に位置するものと考えられています。否認などの防衛機制はセルフの部分がつかさどっていると考えられていますので、柳さんの意識にある合理的な思考だけではなく、無意識の部分も含んだセルフの部分にメッセージを伝えるのです。よく「無意識にはたらきかける」といいますが、その実際は、こういうことです。

カウンセリングの最中、クライエントの視線はどこに向いているか、どんなしぐさをしているか、などというところにセルフは表れます。カウンセラーは、クライエントの話を聞きながら、実はそういうところを見ています。一番最初に柳さんと会ったとき、本格的なカウンセリングにするのかどうかは決まっていませんでした。方針が立たないので、とりあえず私は、柳さんのセルフに対して呼びかけてみたのですが、そのときに柳さんの反応はありませんでした。おそらく、柳さんの否認と合理化が強くて、彼女のセルフにまで届かなかったものと思われます。

しかし、そのうちに柳さんの左手が、無意識のうちに右手を攻撃しはじめました（七七ページ）。自身はそれと知らずに、セルフが駆動しはじめたことを示しています。私のメッセージを受けた柳さんのセルフは、意識のうえでは自覚していなくても、心の奥のほうではそれを引き受けて、能動的に動きだしているのです。

「E」にいたる道のりの始まりです。実はここまで来れば、すでにカウンセリングは「軌道に乗った」と位置づけられるのです。

「心の動き」と夢の関係

「これから、変わった夢を見たら、ちょっと憶えておいてください」（七九ページ）

最初のカウンセリングを終えて別れる間際、私は柳さんにこう伝えておきました。これは、セルフに向けたメッセージです。柳さんは、その翌日の夜、夢を見ます。「黒い服を着た男」が、ベッドに立って柳さんを見下ろしているという夢でした。「怒っているというよりも、悲しんで見下ろしている感じ」のこの男は誰なのか？　それが柳さんと私の探求のはじまりでした。

夢は、クライエントの無意識を知るための実に有力な手がかりとなります。私は、夢に出てきたその男は、分析心理学の創始者であるユングのいう「オールド・ワイズ・マン」ではないかと考えました。人生をかけた重大な成長や変化をするときに導いてくれる、自分の心の中の存在です。

柳さんはずっと、この「謎解き」に取り組んでいましたが、カウンセリング終了後、自分の夢の中に現れた「オールド・ワイズ・マン」とは、自分自身の姿なのだと探り当てました。

最後のカウンセリングで明らかにされた、柳さんの「夢」(三一七ページ)は象徴的です。夢の中には「それまでの柳さん」と「これからの柳さん」のふたりが出ているように見えます。夢の中で、それまでの柳さんはビルの屋上から飛び降りて死に、柳さん自身はその死体を探しに行きますが、見つかりません。それは、古い自分を捨て去ることを意味していいます。これは、専門的には「死と再生のテーマ」といいます。

『ファミリー・シークレット』に描かれた三つの夢の場面は、柳さん自身の「無意識による劇中劇」だといえます。最初、否認と合理化でがんじがらめになっていた柳さんに、男が現れます。この男が誰なのか、何を意味しているのか柳さんにはわかりません。同時に柳さんは「あと五ヵ月」ということを夢の中でしきりに気にしますが、いくつかの気づきを経て、最終的には「男」はカウンセリングで新しい視点を獲得した自分自身であること、「五ヵ月」は、カウンセリングの期間と符合することが「納得」としてもたらされます。

「最後の夢」をめぐる柳さんの納得(三四四ページ)は、正直のところ私の予想を超えたところにありました。「〝生き直し〟は、私自身では完全にできないから、隣に寝ている男に託す」。それは新しい自分自身の生き方です。まさにセルフが駆動し、カウンセリングで目指した終着点を、まったく違うかたちで象徴的に表しています。できすぎです。どうしてこんな夢を見て解釈し、新しい意味を見つけだすことができるのかと驚きすら感じます。「もう一人の自分と手をつないで歩いていく」柳さんの納得。それはいままで否認していた自分、その分身と、新しい自分自身が、「闇よりはすこしだけ明るい夕空」を背にして歩きだすという光り輝くシーンで終わっています。私も数多くのカウンセリングの経験がありますが、夢の深い意味を洞察し、その意味性が日常生活に波及していくまでになるのは実際のところ多くはありません。

柳さんはなぜ納得できたのでしょうか。いくつか理由は考えられますが、柳さんの中で、「生き直し」をする条件がそろっていたことが挙げられます。本人のセルフの力が、彼女の心の中で成熟して、準備ができていたのでしょう。そもそもこのカウンセリングも、柳さんの求めで始まったもので、柳さん自身の内面が、心の闇を見つけて、それを自分で引き受けるという作業を切実に必要としていたのです。誰かに勧められてとか、ただの義務感ではこうはいきません。機が熟していたといえるでしょう。柳さん自身も、「長谷川さんを見つけたのはセルフの力ですね」と納得していました。

幼少期から過酷な家族関係を生きてきた柳美里さんが、これまで破綻しなかったのは、ある意味で奇跡だったのかもしれません。実際に飛び降り自殺をしようとして生き延びたという体験がある。そういう事柄の積み重ねで、柳さんは「サバイバー」として生き抜いてきたのです。まさに奇跡です。

カウンセラーとしての私から見ると、柳さんのカウンセリングは、ふだん私が行なっているものに比べて特に変わったものでも珍しいものというわけでもありません。彼女は、虐待経験者としてのクライエントの典型をきれいに指し示しています。いまの家族がかかえている問題性と、その中で傷ついている子どもが親になって、さらに傷つき体験が延々と続く家族の悲しさを、つまびらかにしてくれました。柳さんの『ファミリー・シークレット』は、柳さんという特殊な人の物語ではなく、だれにでもある普遍的なものを劇的なかたちで、文学者の目、文学者の言葉を使った、いまだかつてなかった表現に昇華されました。素晴らしい輝きを放つ作品だと思います。

揺り戻しに苦しみながら、癒しへ

では、柳美里さんの今後はどうなるのでしょうか。

『ファミリー・シークレット』の最終章「家族という檻のなかで」では、私とのカウンセリングをすませたあとの、柳さんの心の軌跡が描かれています。カウンセリングでは、私が寄り添うかたちで柳さんの心の旅路をともに追っていましたが、「その後どうしたか」は私の知らない世界のことです。興味深く読みました。

最終章からは、柳さん自身が強く否認していた過去に直面するというカウンセリング体験のあとで、ふたたびひとりになったために、精神的にも肉体的にも、かなりつらい時間を過ごしただろうことがひしひしと伝わってきます。カウンセリングで「生き直し」を決意した人が家庭に帰ったとき、必ず「闘い」を余儀なくされます。それはかなりしんどいことだとクライエント本人には思われるでしょうが、心配することはありません。柳さんがそうだったように、カウンセリングを受けた人たちには、すでに自身の「セルフ」が動きだしているからです。後戻りはありえません。

息子さんとの関係は、間違いなく変わっていました。「息子さんが怒られるようなことをする→柳さんが怒る」という固定された関係は終わっていました。息子さんは主体的に自分の考えで行動しており、柳さんを気遣っています。一気に大人になったかのようです。カウンセリングは柳さんにのみ行ない、息子さんと私とはまったく会っていないことを思い起こしてください。柳さんが「気づき」、柳さんのセルフが駆動することで、こんなに関係性が変わってしまうのです。

息子さんと東京ドームに「世界らん展」を見に行くくだりで、柳さんが、私がアドバイスしたように、「なるべく形容詞を使って、息子さんと会話してみる」ことをぎこちなく実行しているさまが描写されています。親子関係の中で、固定化してしまった回路を捨てて、新しいコミュニケーションのかたちを作り、その中に気持ちを込めていく。「きれい」「うつくしい」「おいしい」「楽しい」「うれしい」……ぎこちなければぎこちないほど、本人たちが違和感を感じれば感じるほど、新しい家族関係をつかもうという気持ちは真剣なものだということが、私には伝わってくるのです。

カウンセリングが終了したあとのカウンセラーは、生き直しをしようとするクライエントが危機的な状況に陥ったときに助力する場合がありますが、ほとんどの場合はふたたびクライエントに会うことはありません。なぜなら、その必要がないからです。柳さんの場合も、例外ではないでしょう。

柳美里さんはこれから、壮絶ながらも着実な生き直しの過程に入るでしょう。柳さんが過去引き受けてきたものの重さからみて、残念ながら、すぐ穏やかな日々が取り戻せ、幸せになれるとは思いませんが、柳さん自身がこれまでのスタイルとは違った「柳美里像」を見つけ、そして柳さんの読者も、新しい柳美里文学を発見できるのではないでしょうか。

第9章 ＊ 心を動かし、親子の新しい関係性を作る明日へ

親にしてほしかったことは？

カウンセラーの役割とは何でしょうか。

どんな人でも、抱えている問題が何であっても、信頼関係を形成し、比較的短期間で「自分らしさ」を取り戻し、課題に立ち向かっていく、そのような「革命」のお供ができるのがカウンセラーであり、臨床心理士です。その役割を大切にしていきたいと私は強く念じています。

子ども時代にこれといって問題を呈することなく、「手のかからないおとなしい子」として育ち、成人していく人たちがいます。親の立場からすると、こういう子どもの子育て

は楽に違いありませんが、本音にふたをしてきたツケがいずれ回ってきて、何年かあとに苦労を強いられることがあることを、たくさんの事例を使ってお伝えしてきました。もういい年の大人になったわが子から、まったく思わぬかたちで昔の恨みをぶつけられる……。そういった親子関係は、実際のところ少なくありません。

「アダルト・チルドレン」について、本書でも一度触れました。日本では一九九五年頃から用いられるようになった考え方で、直訳すれば「大人の子ども」となりますが、「子ども時代に子どもらしくのびのびと生活することができなかったために、大人になってからつらい思いを抱きながら過ごしている人」というのがその意味するところです。これは正式な診断名でないことはすでに書きましたが、当時、この考え方が多くの人びとの共感を得たのでした（現在は、この発想に対して強く異論を唱える専門家も増えています）。

「アダルト・チルドレン」という考え方は、人間理解のひとつの道筋です。幼少期からの不愉快な気持ちを心の奥に押しこめ、それが原因でいまも苦しんでいるのだから、この苦しみは「私のせいではないのだ」という発想の転換をもたらすことができます。それだけで、自己否定に歯止めがかかり、救われる人もいるでしょう。しかし怒りの矛先が親に向くことによって、親子間で衝突が起き、泥仕合が延々と続いてしまって解決の糸口が見いだせなくなることも起きやすいのです。

最近、私のところに舞いこむ相談に、このようなケースが多くなっています。思春期に取り組むことができなかった親との対峙という心の作業を、三十～四十歳代になって子育てをしながら進める人たちです。カウンセリング室の中では、いくら親への不満を叫んでも大丈夫です。こうしてわだかまりを自覚し、言葉で吐き出し、浄化していく作業がカウンセリングなのです。

さて、読者のみなさんのうち多くの方は、本書を読んで「二つの違った立場」に立たされたという思いはないでしょうか？　ひとつは子どもを育てている「親」という立場、そして、あなたを育てた親たちの「子ども」という立場です。心の中の二つの思いを重ねてみてください。そして、あなたの子ども時代に味わった思いを、あなたのお子さんに重ねてみるのです。

子ども時代、あなたは親に、どうしてほしかったでしょうか？

もっと自分を見ていてほしかったのでしょうか。それとも、もう少し放っておいてほしかったのですか？　親があなたのことで知っていたことは正しかったでしょうか、それとも、実際とは大きく離れていたのでしょうか？　あの当時は、母親（父親）にはどのように理解していてほしかったのでしょうか。

こうやって、昔に思いを馳せてみると、気づくことがいくつも出てくることと思います。

「もっと私の気持ちを知ってほしかった」「私のことを信用して、任せてほしかった」「私のことが好きだったんだろうか」といった未練や不安……。

反対に、親に本心を隠す必要がなく、親から信頼されていると実感できる子ども時代を過ごした人は、たくましい人間への育ちを進んでいるものと思われます。言われなくても自分で判断し、行動に移すことができるでしょう。そうすれば、ささやかな楽しい思い出が、小さな心にいっぱい満たされていくでしょう。だから、親として、自分の子どものことで「わが子の気持ちがわからない！」と嘆きながらも「なるようにしかならない」と、ある意味開き直って待っていられるとすれば、それはすばらしい親の姿なのです。

子どもの気持ちが「わかる」ということ

いまの思春期の子どもたちに親のことについてたずねると、かなり似たような答えが返ってきます。

「うざい」「関係ない」「知らん」「かまわないでほしい」などです。

これらをその言葉どおりに単純に受けとると、子どもたちは、本書の意図するところ、すなわち「親が子どもの気持ちを理解すること」を求めていないのかと考えてしまうかもしれませんね。逆に親は意識してしまい、子どもの機嫌を損ねないように当たらず触らずの姿勢で接し、期待はずれの子どものふるまいを見せられては、「子どもの気持ちがわからない」と落ちこんでしまうのでしょう。

もちろん、子どもの訴えをこのように理解し、対応するのは誤っています。子どもたちの「うざい」という捨てぜりふの中に含まれている、複雑な「思い」を探し出す必要があるのです。

細かいことにまで口をはさんでくる。何かやっては叱られ、やらなくても叱られる。正直、自分でも悩んでいることをくどくどと言われる。事情もわからず決めつけられる。とかく他人や社会の愚痴をこぼす。こういう「親心」なら、いらないということです。

これでは、子どもは家にいるときは常に気を張り、いつ飛んでくるかわからない言葉の刃に身構えていなくてはなりません。ただ平穏な時間を願っただけなのに、この疲弊が高じると、いつのまにか「親なんかいなくなってほしい」という憎悪が膨らんでしまうことすらあるでしょう。「うざい」の言葉の真意は、これらの、侵入的で拒絶的な親の態度には「うんざりだ」というのです。

最近、思春期の子どもによる親や祖父母殺しの事件があとを絶ちません。この悲しい結末を引き起こした子どもたちの多くが、大人から見て「いい子」だったという事実は、すでに社会的コンセンサスが得られていることでしょう。親たちの前で、「うざい」という思いすら押し殺してきた子どもたちです。

いまの親たちが子どもの頃に、「うざい」という言葉はありませんでした。「うざい」とはどんなものなのか、頭の中で思い描いてみようではありませんか。

あなたが子どもの頃、家に「うざい」人はいましたか？　その人はどうして「うざい」のでしょうか？　そして「うざい」と感じるようになる前は、その人にどうしてほしかったのでしょうか？

本当は、どの子どもたちも親との会話を望み、それを通じて思いをわかってほしいと思っているはずです。わかるということと、知るということは違います。わかるというのは、知った上で受け止める＝分かちあうという心の交換が伴わなくてはなりません。「あなたの言いたいことはわかったけど、そんなのおかしいわ！」では、子どもは知ってもらっても、わかってもらえたという実感を味わえません。「あなたはおかしい」と否定されてしまうから、子どもは自分の心がこれ以上傷つくのを防ぐために、わかってもらおうとすることをあきらめ、親とのつながりを拒むようになっていくのです。

子どもの気持ちを知ることができたら、その気持ちを加工することなく、そのまま親自身の心の箱にしまっておくことができるでしょうか。親に求められるのは、そういう度量であり、力です。先回りするように手助けや助言、注意をしたくなるのは、子どものことを信頼できていないからです。親なりの愛情からくる行為であっても、それは子どもにとってはストレスとなり、自己防衛のために気持ちを隠したがり、頑なな態度をとることになるでしょう。

「子どもの気持ちがわからない」という不安は、あなた自身の、子どもの自己解決能力を信頼する力が足りないということを示しています。つまり、あなたの自信のなさが子どもに映し出されているにすぎません。そして、そのことは、あなた自身の信頼してもらえなかった子ども時代がルーツとなっているのです。

たしかにそれは根深いのですが、時間は戻りません。あれこれ悩むより、やってみること。心にカラの容れ物を用意して、色眼鏡を外して穏やかに寄り添っていれば、いつか子どものほうから、気持ちを届けてくる瞬間に出会えることでしょう。

暴力が母へのプレゼント

数多くの親子と接してきた私にとっても、「子どもの知恵」に驚かされたという点で、忘れることのできない貴重な出会いのひとつが、十七歳の健太くんです。それは、心の深層で動いている、家族を見通す先見の明、家族を導く力のことです。
「知恵」と書きましたが、それは子ども自身も気づいていません。それは、心の深層で動いている、家族を見通す先見の明、家族を導く力のことです。

健太くんが十七歳になった年の五月の日曜日、彼はいつものように母親と二人で自宅にいました。ところが、それまでおとなしかった彼が、突然暴れだしたのです。「わーっ！」と大声を上げながら、母親めがけて手当たりしだいに身近にあるものを投げつけました。食器、本、電話機、椅子、ゴミ箱、空気清浄機……。観葉植物の大きな鉢が投げられたとき、黒い土が部屋中に散乱しました。母親が恐怖を抱いたのは、健太くんのこんな姿を一度も見たことがなかったからです。温厚な、母親思いの優しい子だったのに、「人が変わってしまった」事実を証明するような瞬間をまざまざと見せつけられたのでした。

一通りの出来事を説明した母親に、私はいつものように「息子さんが暴れてくれて、本当によかったですね」と伝えました。母親は最初、その言葉に驚いていたのですが、やがて結婚後の家族について、昔を思い出しながら語りはじめました。健太くんの父親は、仕事の関係で一年の大半を海外で勤務していました。一時帰国してもせいぜい東京本社までで、自宅にはお盆と正月くらいにしか戻って来ません。そんな父親不在に対する不満を母親は自覚し、語りはじめました。

父親の生活パターンに対して、母親のそれまでの受け取り方は、「父親として、家庭を支えるために一生懸命働いてくれている」というものでした。しかし、新たに浮き上がってきた不満の内容はその反対で、「男の子にとって、父親不在はよくなかった」に変化したのです。

八月のお盆過ぎのカウンセリングの日。予告なしに、健太くんの父親がついてきました。そして私に、変なことを吹きこむなといわんばかりに迫ってきたのです。

「父親不在が原因なのか？」

しかし私には、こうして遠路、足を運んでくる父親の姿に、間接的な「知恵」の存在を感じとれたので、疑問に答える代わりに、父親の子ども時代の父子関係についてたずねることにしました。それでわかったことは、父親は自分の父親から厳しく、体罰を受けながらしつけられてきたのです。

「お父さんはすごいですよ。心の奥に、わが子には同じ目に遭ってほしくないという意思があり、それを成し遂げるために息子さんと距離をとるという、深い意味のある選択をされてきたのですね」

私がこう言うと、父親は自信を取り戻したかのように力強くうなずき、横に座る妻に、「やっぱり、おれのせいじゃないじゃないか」と言いながら笑ったのでした。

健太くんの父親との面接は、この一回きりとなりました。

それからしばらくたったある日のカウンセリングで、母親はとても大切なことに気づいて、こう叫んだのです。

「あの日曜日は、母の日だったんです」

「暴力は、私へのプレゼントだったんですね！」

こうして恐怖心から解放された母親は、私とのカウンセリングを終わりにしました。これまで健太くんに対して、父親不在を補わなくてはならないという一心から、過保護に接していました。それが「息子のため」と思いながら、実際のところはコントロールになっていたことに気づいたのです。その気づきの機会をもたらしたのが、「母の日の暴力」だったというわけです。

年が変わり、健太くんの母親から私の職場に年賀状が届きました。


あれからいろいろありましたが、ひとつご報告させていただきたいことがあります。

主人が海外勤務を断り、自宅から会社の支社に通うようになりました。理由をたずねても、「あのときの言葉が響いた」としか言ってくれません。

でも、父と息子の会話が増え、はじめて「家族」になれた感じがして、私は幸せです。

「子どもを導いてやらないと」との親心は、本当は、子どもが自ら学び、自分の人生を開拓していく力をもっていることが信じられない不安の裏返しなのです。あれこれ声をかけ、手をかけすぎると、子どもが本来もっている能動性をつぶしてしまうことになりかねません。しかし、まだ遅くはない。思春期までそうやって抑えつけられたとしても、子どもは「問題」として自ら家族に強烈な働きかけをして、再生へと向かわせる力を失ってはいないのです。そのことを私に再確認させてくれた家族として、健太くんのことは忘れがたいのです。

「逆説的しつけ」のすすめ

子どもに起きている「大問題」。子育ては失敗だったのかと思うかもしれません。そして、ご自身の育った環境に思いをいたし、さらに落ちこむ方もいるでしょう。

しかし、けっして自分を責めないでください。「大きな発見と変化」という奇跡が生じるかもしれません。ただし、「サイン」だと気づく寸前には最大の壁、つまり抵抗する自らの心が立ちはだかっているものですから、このステップは容易に進むというわけにはいきません。

そこで私がすすめているのが、子どもや家族の問題への対応を、それまでのやり方からガラリと変えてみるという、奇抜な方法です。かなりの高い確率で、何か新しいことが起こります。

具体的に、どこで何をどのように変えることが可能か、探してみましょう。何かの問題をやめさせたいとき、いままでは、直接それをやめさせようとしてきましたね。そして親が期待することを子どもにやらせようとしてきたでしょう。「やめなさい」「しなさい」という直接的な指示や、「どうしてなの?」「何度言ったらわかるの?」など、皮肉っぽい伝え方が思い浮かびます。あるいは「ばかやろう」「出て行け」といった脅しや、「小遣い抜き」「物の取り上げ」のペナルティ、もしかしたら体罰かもしれません。それでも、その問題は収まるどころか、長い間くり返されてきたのではないでしょうか。

「奇抜な新しい方法」というのは、問題をやめさせようとしないように働きかけることなのです。親が望むことと反対のしつけをするので、これを「逆説的（パラドキシカル）な対応」と表現しています。

宿題をしない子ならば、「無理して宿題しなくていいよ」です。部屋の片付けをしない子には、「きれいにしなくてもいいよ」もいいでしょう。これだけで、ふだんと正反対の言葉を聞いた子どもは不思議がり、親の言葉や姿勢に注目するようになります。それは敵対的な親子関係の和らぎをもたらします。

こんなメッセージを発することができるようになったら、次に「子どもを大切に思っている」ということが伝わる言葉を加えます。「勉強しなくていいよ」のあとに「疲れをとることのほうが大切だよ」と。「片付けなくていいよ」のあとに「汚くても命に関わるようなことではないしね」と言ってみるのです。親としては、照れが出て言いにくいかもしれませんが、同じように子どもも聞きなれない言葉に照れているはずです。表面的にはまだ「きもい」や「うざい」の言葉が返ってくるかもしれませんが、内心はうれしいのです。本当は、ずっと小さいときから「大切にされている」ということを確認したがっていたのですから。

逆説的な言葉で脱支配を目指しはじめたら、「大切だ」という気持ちをストレートに言葉に出してみましょう。大切だという思いに理由はいりません。この親から生まれてきたこと、この家に一緒にいること、それが絶対無二の理由です。「おまえが生きてくれているだけでうれしい」「生まれてきてくれてありがとう」「勉強なんか関係ない。あなたはお母さんにとって大切な子」など、数え切れないほど多くの気持ちの表現法があります。あとはそれを自覚し、言うための「度胸」でしょう。勢いで一度言ってしまえば、次のハードルはずっと低くなっているものです。

この「無条件に尊ぶ精神」をよく表している楽曲として、コブクロという名の男性デュオが歌う「ここにしか咲かない花」が、私は大好きです。

何も無い場所だけれど　ここにしか咲かない花がある
心にくくりつけた荷物を　静かに降ろせる場所

このような詞で始まり、最後は消え入るようなささやく声で、こうくり返すのです。

ここにしか　咲かない花
ここにしか　吹かない風
ここでしか　聴けない歌
ここでしか　見えないもの
（作詞・作曲：小渕健太郎）

「ここにしか」の次に入る言葉を、自分の子どもの何にでも置き換えてみてください。いま、どんな問題を見せていたとしても、それを含めて、子どもは親にとってかけがえのない存在だという実感がわいてくるのではないでしょうか。

勝負！　親が自分を大切にできるか

親が子どものために一生懸命に尽くしても、なかなか脱出の糸口も見えず、精根尽き果ててしまうケースが見られます。一般にその傾向は、母親のほうに顕著です。それまでの親子関係を見つめなおし、子どもを受け入れようと努めるのですが、子どもに生じた「変化」はますます母親を追い詰めてしまうのです。このとき子どもは心の奥底で、こう叫んでいることでしょう。

「違う！　そんなんじゃ、ない！」

どの子どもも、幼いうちはどんな親かに関係なく、無条件に親のことが好きなのです。その親が、自分のことでひどく苦労しているとなると、悲しいものなのです。子どもを大切にしたいのなら、それと同時に取り組まなくてはならない課題が、「親が自分を大切にすること」です。親が子どもを尊重できるように努めるとき、「自分のことはいい」としているのはおかしな話です。

私は、カウンセリングでしばしば「次回までに、自分を大切にする方法を考えて、実践してみてください」と、宿題を出します。ほとんどの母親が、「えっ、自分を大切に……、わからない……」と当惑します。それでも次回までに、「疲れ果てて昼寝をしたのですが、これは大切にしていることになりますか？」などと、それなりに編み出した方法を披露してくれる人もいます。

自分を大切にすることは、自分をいたわる、自分を休ませる、自分を楽しむ、自分が楽をする、自分を押し殺さないなど、いくらでも言い換えることができますが、読者の方はいかがですか？　自分に適切なやり方を見つけ出し、堂々と実践することができますか？

自分を犠牲にすることしか考えられないでいた、母親の敦子さんとのカウンセリング場面でのことです。「大切に」ということがまったくわからないので、私はその場で少しだけリードし、体験してもらうことにしました。

「椅子の背もたれに、背中をつけてください」「肩の力を抜いてください」「手は脚にそろえて置かないで、だらりとたらしてください」「足をきちんとそろえないで、膝と膝の間隔を開けてみてください」「爪先を閉じないで、先を開いてください」、そして「この部屋では、これから『ごめんなさい』とは言わないでください」……。感覚的に「大切さ」を感じられない人には、このようにしぐさや動作から入ってもらうこともあります。敦子さんにとってはどれも、自分に無理を強いている姿勢でした。このポイントに着目して、心を和らげてもらうのが目的です。きちんと椅子に座らなくてもカウンセラーに嫌われない、という体験を重ねることで、「自分はそのままでもよかったんだ」という、ある意味幼児的な「満たし」を保障してやるのです。

次は別の母親、真奈美さんです。後悔とともに流れる涙をティッシュで拭い、拭い取ったかと思った瞬間、自分の膝の上に置いて隠してしまいます。私との間にはテーブルがあるので、濡れたティッシュは見えなくなりました。ここですかさず私は言うのです。「そのティッシュ、机の上に置いてもらえませんか?」「綺麗な涙ですね」「これから隠さないでください」そして、そのティッシュは私が預かり、カルテとともに保存することにしたのです。

真奈美さんは、自分の涙を拭いたティッシュを「自分の汚いもの」として、人に見せては失礼だと思いこんでいました。本当は、それ（涙）は汚いものではありません。彼女にとって大切な涙だったはずです。

＊　＊　＊

さて、本書では、子どもに見られる問題は「親と子の関係の問題」ととらえて、虐待を読み解いてきましたが、私たち家族を取り巻く社会、日本という国家レベルで見渡せば、個々の家族の努力など微々たるもので、無意味なのではないかと錯覚してしまいそうな、残念な気分に襲われることもあります。教育の中枢を担うところから届けられる数々の不祥事の知らせ、金銭問題などの醜聞。染みついた競争原理と、それによって生じた「勝ち組」「負け組」という棲み分け。勝ち組同士が競えば、さらに戦いは激しくなるものです。「あなたのため」は、その言葉を免罪符にして子どもを競争社会に追い立てる、親の保身にほかなりません。

家族や子どもを「わかる」「許す」「認める」などと言っていては、競争社会からドロップアウトしてしまうかもしれません（本当はそうではありませんが）。しかし、そうなってもいいではありませんか。肝心なのは、私たちの心がそれをどのように「実感」するかなのです。勝ち組の権力者、経済的に恵まれている人、これらの人たちが幸せな日々を送っているように見えるでしょうか？　傍からの見た目に振り回されず、私たちの心が、いつか自分の人生を総括するとき、どのように振り返るのか。それを楽しみに待つことにしませんか。

もっと楽に子育てして、いいのです。

あとがき

二〇〇五年五月、『お母さんはしつけをしないで』（草思社）を世に送りました。

そのタイトルを字句通りに受け取られれば、社会からの反発は必至だろうと予測はしていました。しかし、実際に手にしてくださった方々には、不思議な読後感を味わわれたことと思います。「しつけ」と冠していますが、本当のところは、本人（母親）の「癒しの本」、つまり読んでいただくことで母親の心がラクになり、それまでの子育ての重さから解放されることを目指していたのでした。本の後半部で「救急箱」とつけた章を設けたことに象徴されるように、この目標を果たすために、それと見えないようにして、心理療法的なカラクリを本の中のあちこちに散りばめておいたのです。

そのような私の願いは、ある程度実現できたのではないかと、今、大きな喜びを覚えています。『お母さんはしつけをしないで』が刷りを重ねられたこともちろんありがたいことですが、何より、読み終えた方々から、「変わった」というメッセージを頂戴するいくつもの機会に恵まれたからです。「変わった」その中身は、子どもの問題が「治った」

という種類のものではありません。母親自身の「ものの見方」「気持ちのありよう」が変わったというもの。さらには自分の「子ども時代のつらさ」と初めて向き合えたという点にあります。そのことに私は達成感を覚えるのです。

『お母さんはしつけをしないで』は、実際には「しつけをやめましょう」と主張するものではありません。母親も子どもも自分を大切にできる人となり、人生を豊かにしあわせにしましょう、そのために子どもへの眼差しの注ぎ方を変えてみませんか、と呼びかけるものだったのです。

その後は、「お母さん」だけでなく、「お父さん」にも呼びかける本を書こうと考えました。しかし父親の心に響くようメッセージを届けること、それ以前に、父親たちが手にしたくなる書名やその切り口が見つからず、今に至るも実現していません。

本書は、もう一度「お母さん」たちにささやきかけるものとなりました。書名に『お母さん……』を再度使ったのは、前著の続編という意図もありますが、やはり「お母さんの心」に訴えかけるのにはこの言葉がいいと思えるからです。子どもの年齢としては、前著よりはやや上、児童期から青年期になっています。『あなたのために』との強くなりすぎた配慮が、子どもだけでなく、母親自身をも追い詰めている、現代社会のそのような悲しい実情から母親たちを救いだしたいという願いを、ここに強く込めました。少しでもいいから、「しつけ」「教育」の呪縛から自由になって、家族が互いに個を認め合う触れ合いを通して、生きていることのしあわせを実感する歩みを始めてくださるとしたら、どんなに素敵でしょう。

人間なんだから、完璧でなくていいよね。

＊　＊　＊

本書を刊行するに当たって、お礼を述べたい人が四人います。

草思社の藤田博さん。本書の深い狙いを理解され、出版に際して多大なご協力を頂戴いたしました。

編集者の高瀬文人さん。体調が芳しくない私にアイデアを提供し、作業のお手伝いをしてくださいました。

作家の柳美里さん。『ファミリー・シークレット』（講談社）に描写された私とのカウンセリングを、私の視点で書くことにご快諾をいただきました。

そして最後に、「あなたのために」と子どものしあわせを願いながら、子育てに四苦八苦してきた母親、あなたへ。私のカウンセリングの発想やスタイルは、多くの悩める誠実な人びとと深く接する時間を通して、培われていったものです。

みなさん、ありがとうございました。

＊　＊　＊

なお、本書は、二〇〇八年に刊行された『「わが子」の気持ちが分からない！』（ＰＨＰ文庫）をベースにしつつ、大幅に加筆修正して作られました。まったく新しい本として生まれています。

『お母さんはしつけをしないで』、『ファミリー・シークレット』と併せて、本書を読んでいただけるとすれば幸甚です。

二〇一〇年六月二十六日

立ちはだかる数々の苦難に立ち向かう私自身の労をねぎらって……。
私のメッセージに真摯に耳を傾け、実践し、応援してくださる全国の方々に、「真実」を見届ける眼差しが宿ることを願って……

長谷川博一

＊本書は二〇〇八年に刊行された『「わが子」の気持ちが分からない！』（ＰＨＰ文庫）を底本として全面的に再構成して加筆修正し、新たな章を書き下ろして加えたものです。

著者略歴――――

長谷川博一　はせがわ・ひろかず

1959年愛知県生まれ。臨床心理士。東海学院大学・同大学院教授。心理療法、犯罪臨床心理学（鑑定）、児童虐待、ドメスティック・バイオレンス、自殺・自傷行為、不登校等を専門とする。作家・柳美里へのカウンセリングが収録された『ファミリー・シークレット』（講談社）が話題になった。主な著書に『ダメな子なんていません』（新潮文庫）、『親と子の気持ちを結ぶ魔法のしつけ』（PHP文庫）、『たすけて！私は子どもを虐待したくない』（径書房）、『お母さんはしつけをしないで』（草思社）ほか多数。

JASRAC　出1008363-001

装画　落合　恵

お母さん、「あなたのために」と言わないで

子育てに悩むすべての人への処方箋

2010年8月2日　第1刷発行

著者　長谷川博一

編集協力　髙瀬文人

ブックデザイン　Malpu Design（清水良洋＋佐野佳子）

発行者　藤田　博

発行所　株式会社草思社

〒170-0002　東京都豊島区巣鴨4-7-5

電話　営業　03(3576)1002　編集　03(3576)1005

振替　00170-9-23552

印刷　株式会社三陽社

カバー　日経印刷株式会社

製本　加藤製本株式会社

ISBN978-4-7942-1769-1 Printed in Japan　検印省略

http://www.soshisha.com/